David E. McAdams

Desarrollos des poliedros - Libro del proyecto

por David E. McAdams
http://www.demcadams.com

Un enfoque practico a la geometria tridimensional con instrucciones.

Copyright © 2015 by Life Is A Story Problem LLC, Colorado Springs, Colorado. All right reserved. No part of this publication may be reproduced, stored in a retrieval system or transmitted in any form or by any means without the express written consent of the copyright holder, except for brief quotations embodied in critical articles or reviews.

Ninguna parte de esta publicación puede ser reproducida, almacenada en sistemas de recuperación o transmitida en cualquier forma o por cualquier medio sin el consentimiento expreso y por escrito del titular de los derechos de autor, a excepción de citas breves en artículos importantes o revisiones.

Permiso limitado para copiar para uso educativo. Se concede permiso para páginas individuales de este libro para copiar sólo para uso educativo incidental, no comercial, de acuerdo con la regla de un libro: Un libro se deben comprar para cada profesor cuyos alumnos usarán este material. Para el hogar-escolares, un libro debe ser comprado por los padres enseñar a un grupo de niños.

Créditos de imagen

Todas desarrollos des poliedros geométricas son por David E. McAdams.

Todas las ilustraciones son por David E. McAdams a menos que se indique lo contrario aquí.

Cono - LucasVB. Situado en dominio público por el artista.
Cuboctaedro - Svdmolen. Situado en dominio público por el artista.
Dodecaedro romo - Tom Ruen. Situado en dominio público por el artista.
Cuboctaedro truncado - Svmolen. Situado en dominio público por el artista.
Dodecaedro truncado - Harkonnen2. Situado en dominio público por el artista.
Icosaedro truncado - Svmolen. Situado en dominio público por el artista.
Octaedro truncado - InductiveLoad. Situado en dominio público por el artista.

Contenidos

Empezando..1
Antiprisma triangular bialargada..3
Cono..5
Cubo..7
Cuboctaedro..9
Cilindro..11
Antiprisma Dekagonal...13
Prisma decagonal..15
Icositetraedro deltoidal..17
Dado..19
Hexaquisoctaedro...21
Dodecaedro regular..23
Cúpula pentagonal alargado...25
Bipirámide pentagonal alargado...27
Pirámide pentagonal alargado..29
Bipirámide cuadrada alargada..31
Pirámide cuadrada alargada...33
Antiprisma triangular alargado..35
Cúpula triangular alargado..37
Bipirámide triangular alargado..39
Pirámide triangular alargado...41
Tronco de pirámide decagonal..43
Tronco de pirámide cuadrilátera...45
Tronco de pirámide triangular...47
Gran Dodecaedro..49
Gran dodecaedro estrellado...51
Giroelongada pirámide pentagonal...55
Dipirámide cuadrado giroelongada...57
Prisma cuadrado giroelongada...59
Giroelongada pirámide cuadrada..61
Pirámide heptagonal...63
Heptaedro 4,4,4,3,3,3,3..65
Heptaedro 5,5,5,4,4,4,3..67
Heptaedro 6,6,4,4,4,3,3..69
Prisma hexagonal..71
Pirámide hexagonal...73
Hexaedro 4,4,4,4,3,3...75
Hexaedro 5,4,4,3,3,3...77
Hexaedro 5,5,4,4,3,3...79
Icosaedro regular..81
Icosidodecaedro..83
Pirámide cuadrada oblicua..85
Antiprisma oktagonal...87
Octaedro regular...89

- Antiprisma Pentagonal..91
- Cúpula pentagonal...93
- Bipirámide pentagonal...95
- Prisma pentagonal..97
- Pirámide pentagonal..99
- Rotonda pentagonal...101
- Prisma pentagramma...103
- Pirámide rectangular..105
- Prisma rómbico..107
- Rombicuboctaedro...109
- Pequeño rhombidodecaedro..111
- Dodecaedro estrellado Pequeño..115
- Cubo romo..119
- Dodecaedro romo...123
- Antiprisma cuadrado..127
- Cúpula cuadrada...129
- Pirámide cuadrado..131
- Trapezoedro cuadrada..133
- Estrella goctángula...135
- Tetraedro regular..137
- Tetraquishexaedro..139
- Triaquisoctaedro...141
- Triaquistetraedro..143
- Cúpula triangular..145
- Bipirámide triangular...147
- Triangular pentaedro..149
- Prisma triangular..151
- Pirámide triangular oblicua...153
- Cubo truncado..155
- Cuboctaedro truncado..157
- Dodecaedro truncado...159
- Icosaedro truncado...163
- Truncado icosidodecaedro...169
- Octaedro truncado..175
- Tetraedro truncado...177
- Pirámide estrella pentagonal derecho...179
- Trapezoedro cuadrado truncado..181

Empezando

¿Qué es un desarrollo geométrica?

Un desarrollo geométrica es un dibujo plano que se puede plegar en una figura tridimensional. Por ejemplo, seis cuadrados idénticos se pueden hacer en un cubo. Esto se debe a un cubo tiene seis lados, todos los cuales son cuadrados idénticos. Cada uno de los dibujos de este libro se puede plegar en un objeto geométrico tridimensional.

La mayoría de les desarrollo geométricas se pliegan en sólidos con lados planos. Hay algunas excepciones. Un cilindro puede estar hecho de un rectángulo y dos círculos. Un cono puede estar hecho de un círculo y un triángulo con una parte inferior curvada.

¿Qué todas las palabras en los nombres significan?

La mayor parte de las palabras utilizadas en los nombres de las tres formas sólidas tridimensionales fueron hechos por los griegos hace más de dos mil años. Matemáticos griegos juntos palabras para hacer nombres para las formas. Algunas de las palabras significan los números. Por ejemplo 'Tetra' se utiliza para significar "cuatro". Algunas de las palabras utilizadas son:

antiprisma	un sólido con polígonos de bases y alterna, triángulos idénticos para los lados.
rektigita	cortar en los bordes y vértices.
deca	diez.
decagon	un polígono plano con diez lados.
deltoides	un objeto con forma de cometa con cuatro lados.
deltoidal	está hecha de objetos en forma de cometa para caras.
dipirámide	un sólido que puede ser hecha por 'pegado' los fondos de dos pirámides idénticas juntos.
alargado	un sólido que se inicia con otra forma, pero tiene rectángulos añadido para que sea más largo.
tronco	de una pirámide o un cono con la parte superior cortada.
giroelongada	hace más larga la adición de un antiprisma a la base.
-hedron	un sólido cuyos lados son planos.
icosi-	tener veinte lados.
icosa-	tener veinte lados.
oblicua	no en ángulo recto.
octa-	ocho.
prisma	un sólido con polígonos para partes superiores e inferiores y rectángulos idénticos para los lados.
pirámide	un sólido con un polígono de fondo y los lados triangulares que llegan a un punto.
regular	que tienen caras hechas de polígonos regulares idénticos.
rómbica	que contiene rombos para una o más caras.

rombo	una figura plana con cuatro lados que no son perpendiculares.
derecho	una línea que une el centro de la base y el centro de la parte superior es perpendicular a la parte superior y a la base; o una línea que une el centro de la base hasta el vértice (punto) de una figura es perpendicular a la base.
romo	cambió de otra figura de un proceso de tres pasos: rectificación, truncamiento, y la alternancia
estelado	que tiene caras reemplazados por una pirámide que tiene la cara como base.
tetra	de cuatro
triangular	basado en un triángulo.
truncado	truncada off

¿Es difícil hacer un sólido a partir de un desarrollo geométrica?

Algunos de ellos son fáciles, y algunos son difíciles. Los más lados tiene un sólido, más difícil es construir a partir de una red. Comience con los fáciles, y edificar a los duros.

¿Cómo puedo crear un sólido a partir de un desarrollo geométrica?

Comience por hacer una copia de la página en la que se dibuja le desarrollo geométrica. Si quieres decorar su red haciendo uso de ella o colorear, hágalo antes de cortar a cabo.

A continuación, utilice unas tijeras para cortar cuidadosamente le desarrollo a lo largo de las líneas continuas. A veces, dos caras adyacentes comparten una línea en el dibujo que debe ser cortado. Esta línea será una línea continua.

Una vez que la forma se corta, iniciar plegado a lo largo de las líneas de puntos. Use pequeños trozos de cinta adhesiva transparente para unir los bordes juntos. Cuando todos los bordes se pegan juntos, su forma ha terminado.

Antiprisma triangular bialargada

1. Cortar a lo largo de las líneas continuas.
2. Doble en las líneas punteadas.
3. Doble hacia atrás en líneas discontinuas
4. Utilizar cinta adhesiva transparente para sujetar.

Si desea dibujar o colorear le desarrollo, hacerlo antes de grabarlo juntos. Si quieres decorar pegando decoraciones, graban juntos por primera vez.

Corta aquí   Corta aquí

Desarrollos des poliedros por

Derechos de Autor 2015 puede ser copiado solamente para uso educativo incidental, no comercial. Ver nota de copyright para más información.

Cono

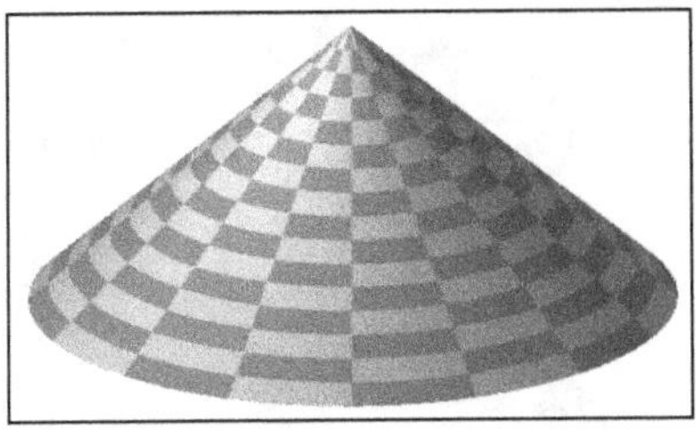

1. Cortar a lo largo de las líneas continuas.
2. Utilizar cinta adhesiva transparente para sujetar.

Si desea dibujar o colorear le desarrollo, hacerlo antes de grabarlo juntos. Si quieres decorar pegando adornos, cintas juntos primero.

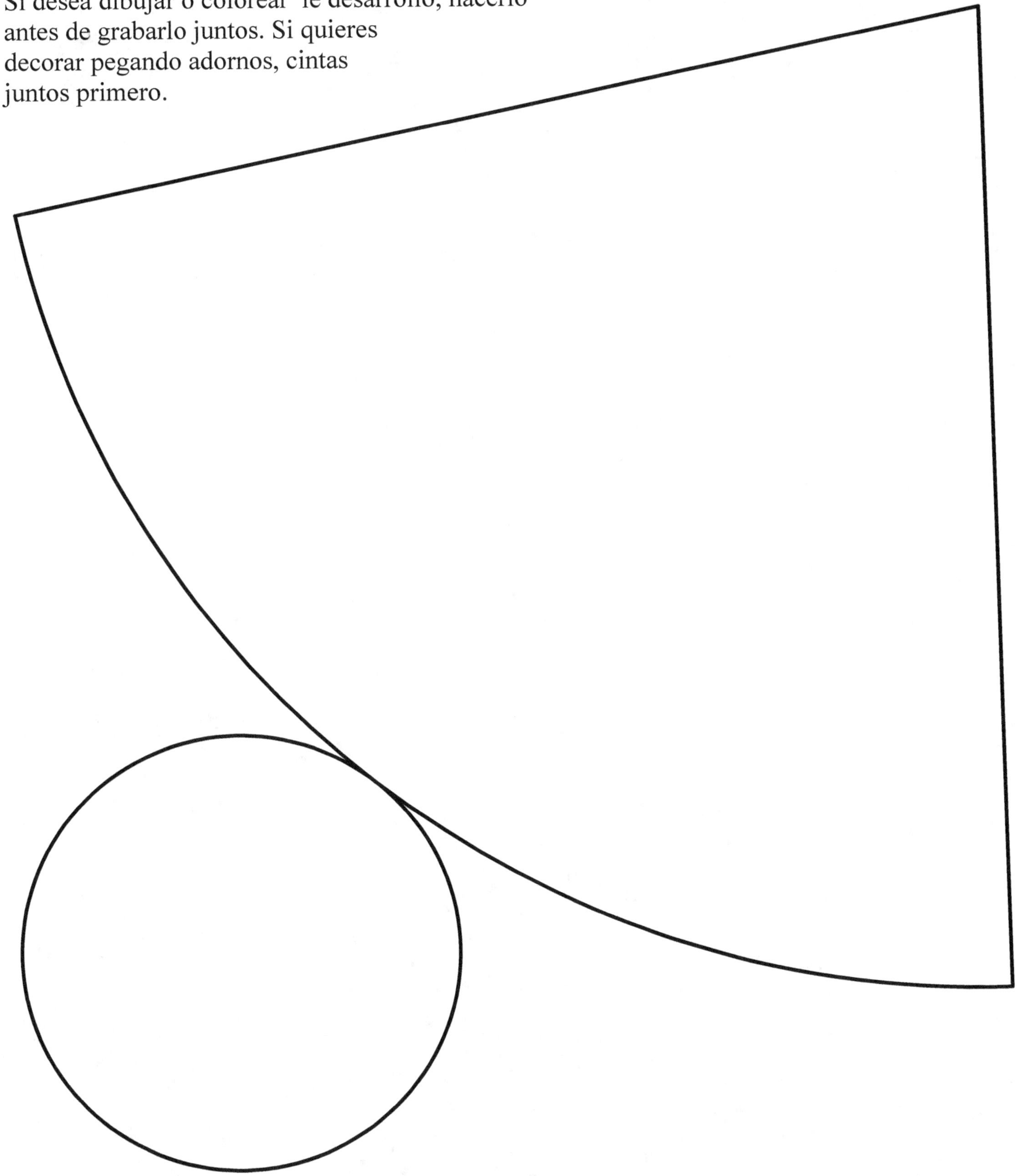

Cubo

1. Cortar a lo largo de las líneas continuas.
2. Doble en las líneas punteadas.
3. Uso cinta adhesiva transparente para sujetar.

Si desea dibujar o colorear le desarrollo, hacerlo antes grabas juntos. si tu quieren decorarla por pegar en las decoraciones, cinta juntos primero.

Para obtener más información sobre cubos, vaya a http://www.allmathwords.org/en/c/cube.html

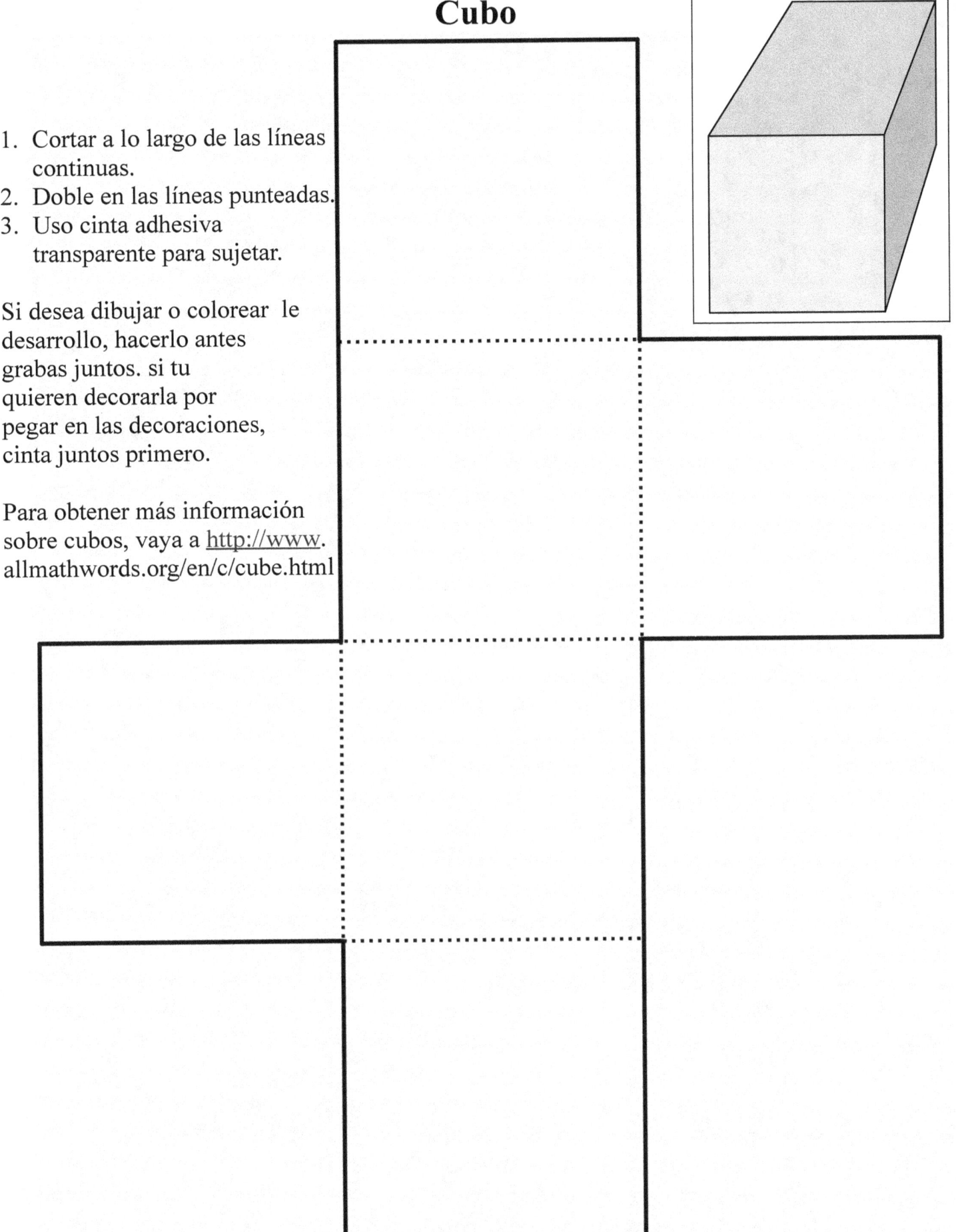

Desarrollos des poliedros por

Cuboctaedro

1. Cortar a lo largo de las líneas continuas.
2. Doble en las líneas punteadas.
3. Utilizar cinta adhesiva transparente para sujetar.

Si desea dibujar o colorear le desarrollo, hacerlo antes grabas juntos. si tu quieren decorarla por pegar en las decoraciones, cinta juntos primero.

Desarrollos des poliedros por

Cilindro

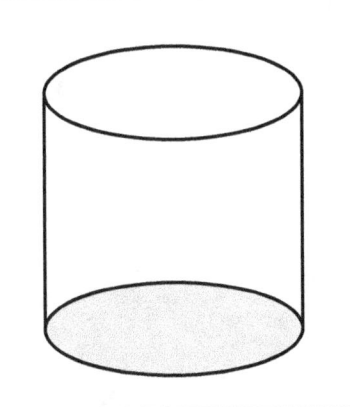

1. Cortar a lo largo de las líneas continuas. Trate de no cortar los círculos fuera del rectángulo.
2. Gire el rectángulo en un cilindro.
3. Dobla los círculos hasta que coincida con el cilindro.
4. Utilizar cinta adhesiva transparente para sujetar.

Si desea dibujar o colorear le desarrollo, hacerlo antes grabas juntos. si tu quieren decorarla por pegar en las decoraciones, cinta juntos primero.

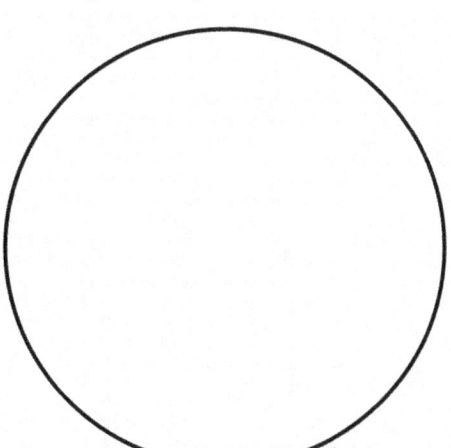

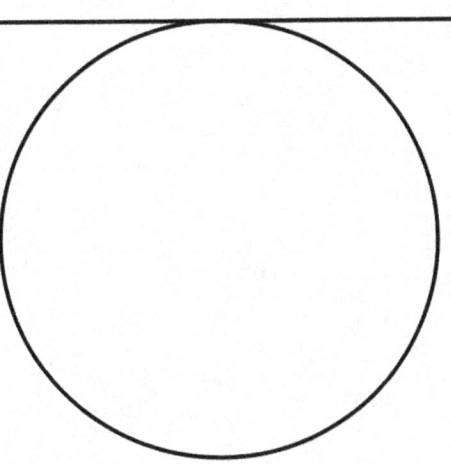

Cilindro

Antiprisma Dekagonal

1. Cortar a lo largo de las líneas continuas.
2. Doble en las líneas punteadas.
3. Utilizar cinta adhesiva transparente para sujetar.

Si desea dibujar o colorear le desarrollo, hacerlo antes grabas juntos. si tu quieren decorarla por pegar en las decoraciones, cinta juntos primero.

Desarrollos des poliedros por

Prisma decagonal

1. Cortar a lo largo de las líneas continuas.
2. Doble en las líneas punteadas.
3. Utilizar cinta adhesiva transparente para sujetar.

Si desea dibujar o colorear la red, hacerlo antes grabas juntos. Si quiere decorarlo pegando en decoraciones, cinta juntos primero.

Desarrollos des poliedros por

Derechos de Autor 2015 puede ser copiado solamente para uso educativo incidental, no comercial. Ver nota de copyright para más información.

Icositetraedro deltoidal

1. Cortar a lo largo de las líneas continuas.
2. Doble en las líneas punteadas.
3. Utilizar cinta adhesiva transparente para sujetar.

Si desea dibujar o colorear le desarrollo, hacerlo antes grabas juntos. si tu quieren decorarla por pegar en las decoraciones, cinta juntos primero.

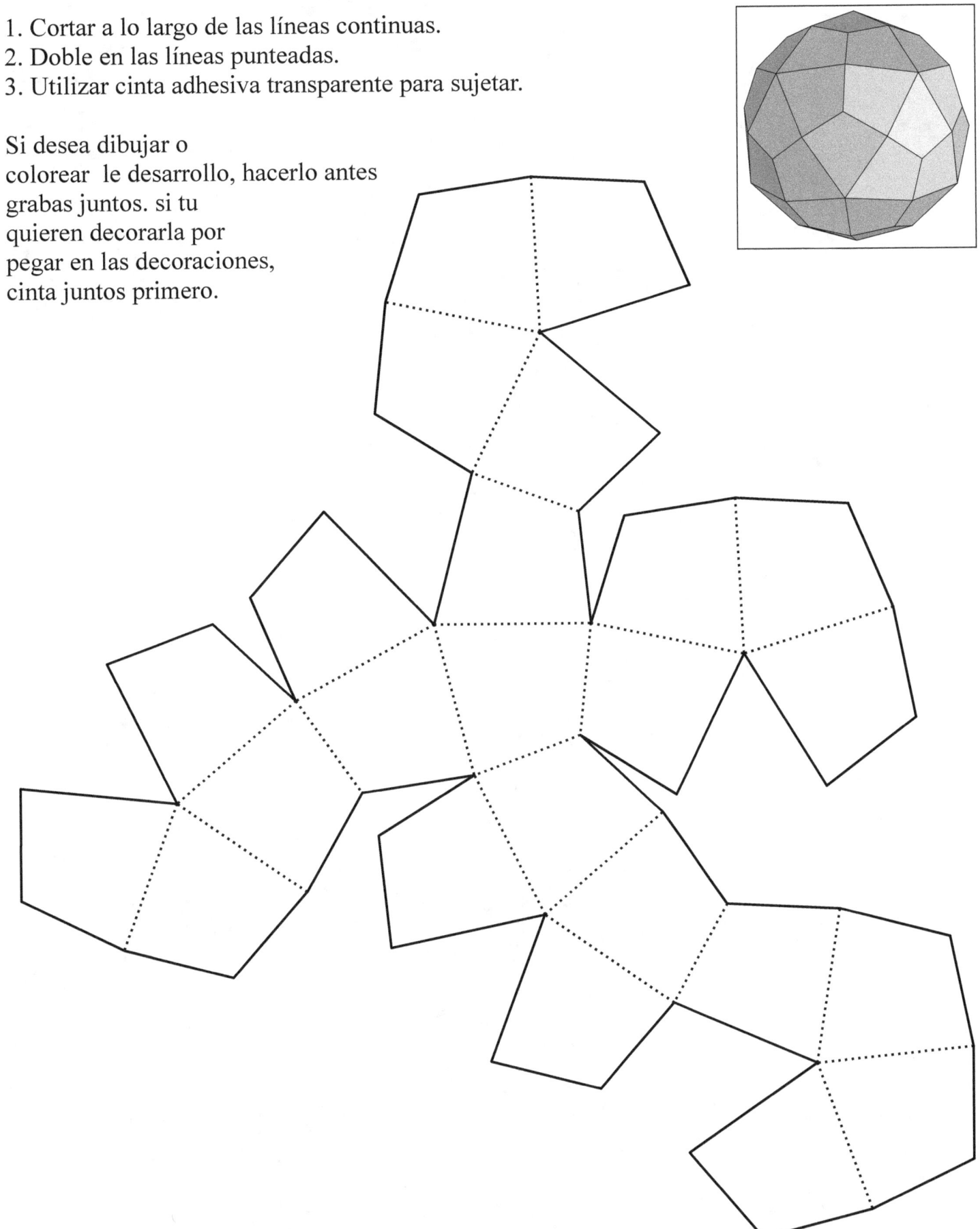

Desarrollos des poliedros por

Derechos de Autor 2015 puede ser copiado solamente para uso educativo incidental, no comercial. Ver nota de copyright para más información.

Dado

1. Cortar a lo largo de las líneas continuas.
2. Doble en las líneas punteadas.
3. Utilizar cinta adhesiva transparente para sujetar.

Si desea dibujar o colorear le desarrollo, hacerlo antes grabas juntos. si tu quieren decorarla por pegar en las decoraciones, cinta juntos primero.

Desarrollos des poliedros por
Derechos de Autor 2015 puede ser copiado solamente para uso educativo incidental, no comercial. Ver nota de copyright para más información.

Hexaquisoctaedro

1. Cortar a lo largo de las líneas continuas.
2. Doble en las líneas punteadas.
3. Utilizar cinta adhesiva transparente para sujetar.

Si desea dibujar o colorear le desarrollo,
hacerlo antes grabas juntos. si tu
quieren decorarla por pegar en las
decoraciones, cinta juntos primero.

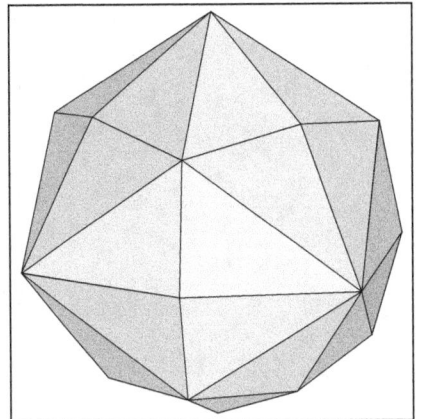

Desarrollos des poliedros por

21

Derechos de Autor 2015 puede ser copiado solamente para uso educativo incidental, no comercial. Ver nota de copyright para más información.

Dodecaedro regular

1. Cortar a lo largo de las líneas continuas.
2. Doble en las líneas punteadas.
3. Utilizar cinta adhesiva transparente para sujetar.

Si desea dibujar o colorear le desarrollo, hacerlo antes grabas juntos. si tu quieren decorarla por pegar en las decoraciones, cinta juntos primero.

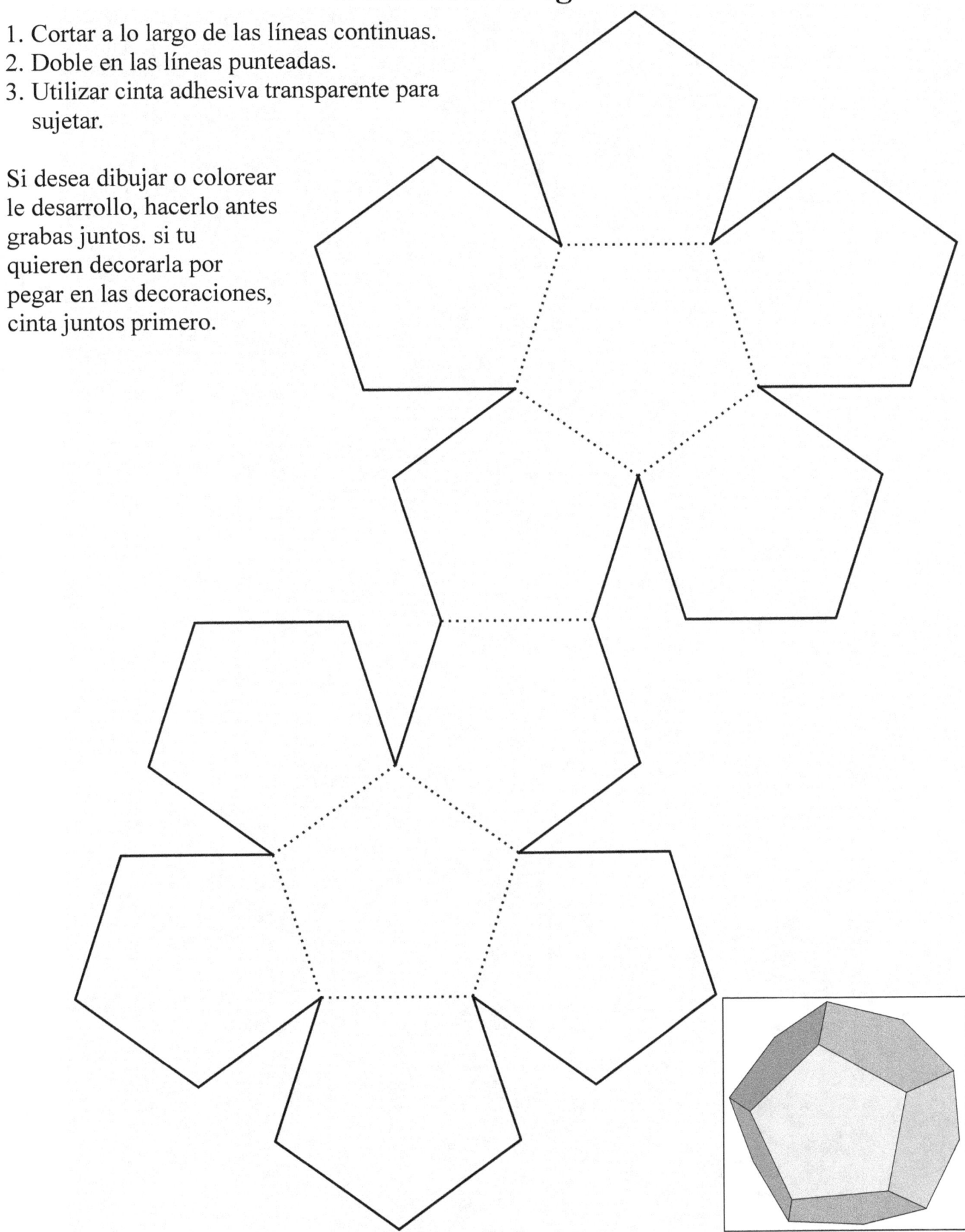

Desarrollos des poliedros por

Cúpula pentagonal alargado

1. Cortar a lo largo de las líneas continuas.
2. Doble en las líneas punteadas.
3. Utilizar cinta adhesiva transparente para sujetar.

Si desea dibujar o colorear la desarrollo hacerlo antes grabas juntos. si tu quieren decorarla por pegar en las decoraciones, cinta juntos primero.

Desarrollos des poliedros por

Derechos de Autor 2015 puede ser copiado solamente para uso educativo incidental, no comercial. Ver nota de copyright para más información.

Bipirámide pentagonal alargado

1. Cortar a lo largo de las líneas continuas.
2. Doble en las líneas punteadas.
3. Utilizar cinta adhesiva transparente para sujetar.

Si desea dibujar o colorear la red, hacerlo antes grabas juntos. si tu quieren decorarla por pegar en las decoraciones, cinta juntos primero.

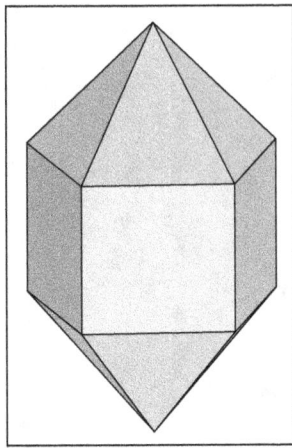

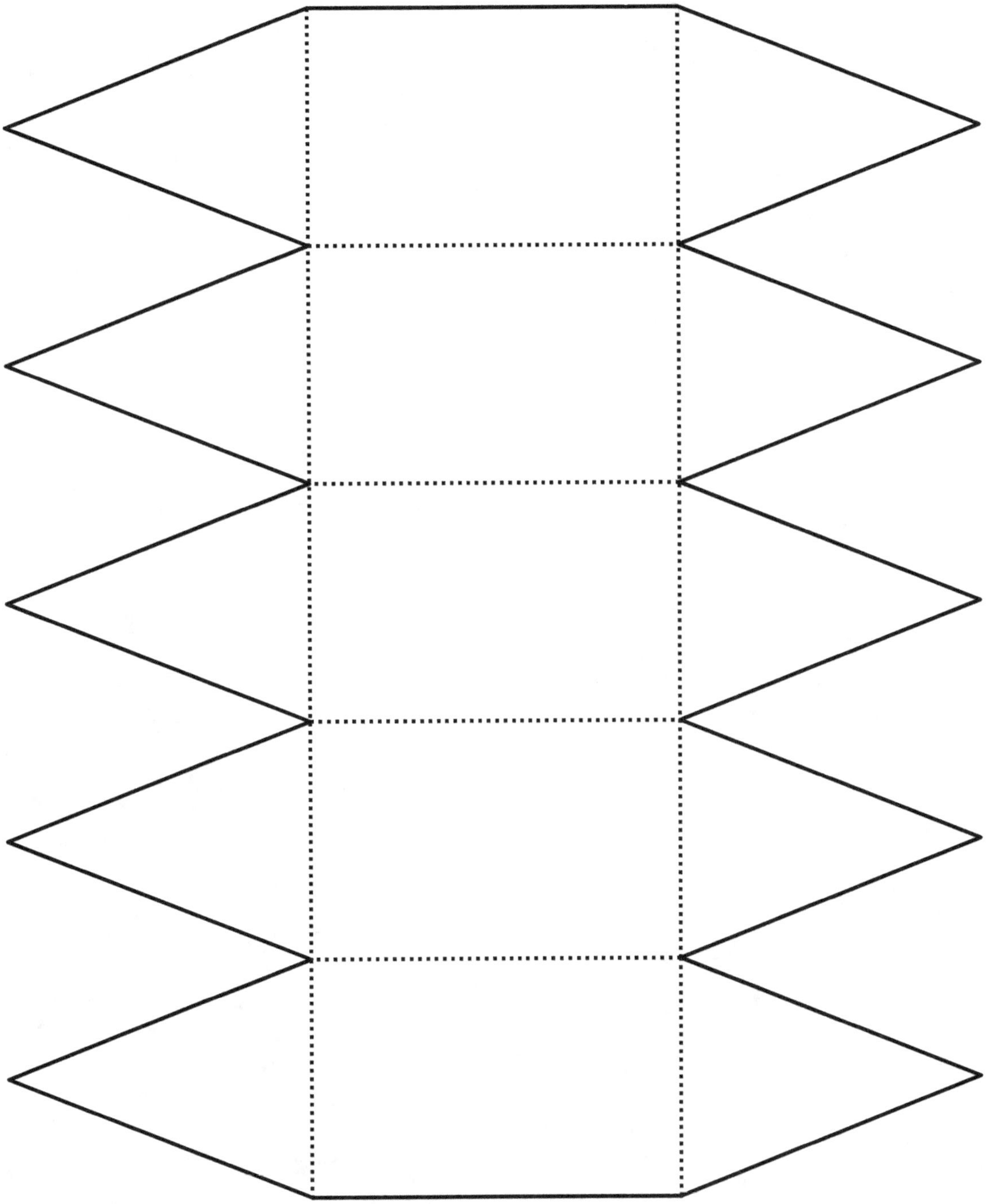

Desarrollos des poliedros por

Derechos de Autor 2015 puede ser copiado solamente para uso educativo incidental, no comercial. Ver nota de copyright para más información.

Pirámide pentagonal alargado

1. Cortar a lo largo de las líneas continuas.
2. Doble en las líneas punteadas.
3. Utilizar cinta adhesiva transparente para sujetar.

Si desea dibujar o colorear la desarrollo hacerlo antes grabas juntos. si tu quieren decorarla por pegar en las decoraciones, cinta juntos primero.

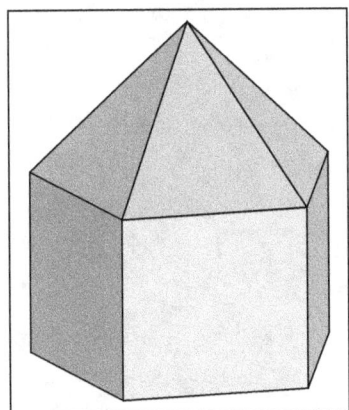

Bipirámide cuadrada alargada

1. Cortar a lo largo de las líneas continuas.
2. Doble en las líneas punteadas.
3. Utilizar cinta adhesiva transparente para sujetar.

Si desea dibujar o colorear la desarrollo hacerlo antes grabas juntos. si tu quieren decorarla por pegar en las decoraciones, cinta juntos primero.

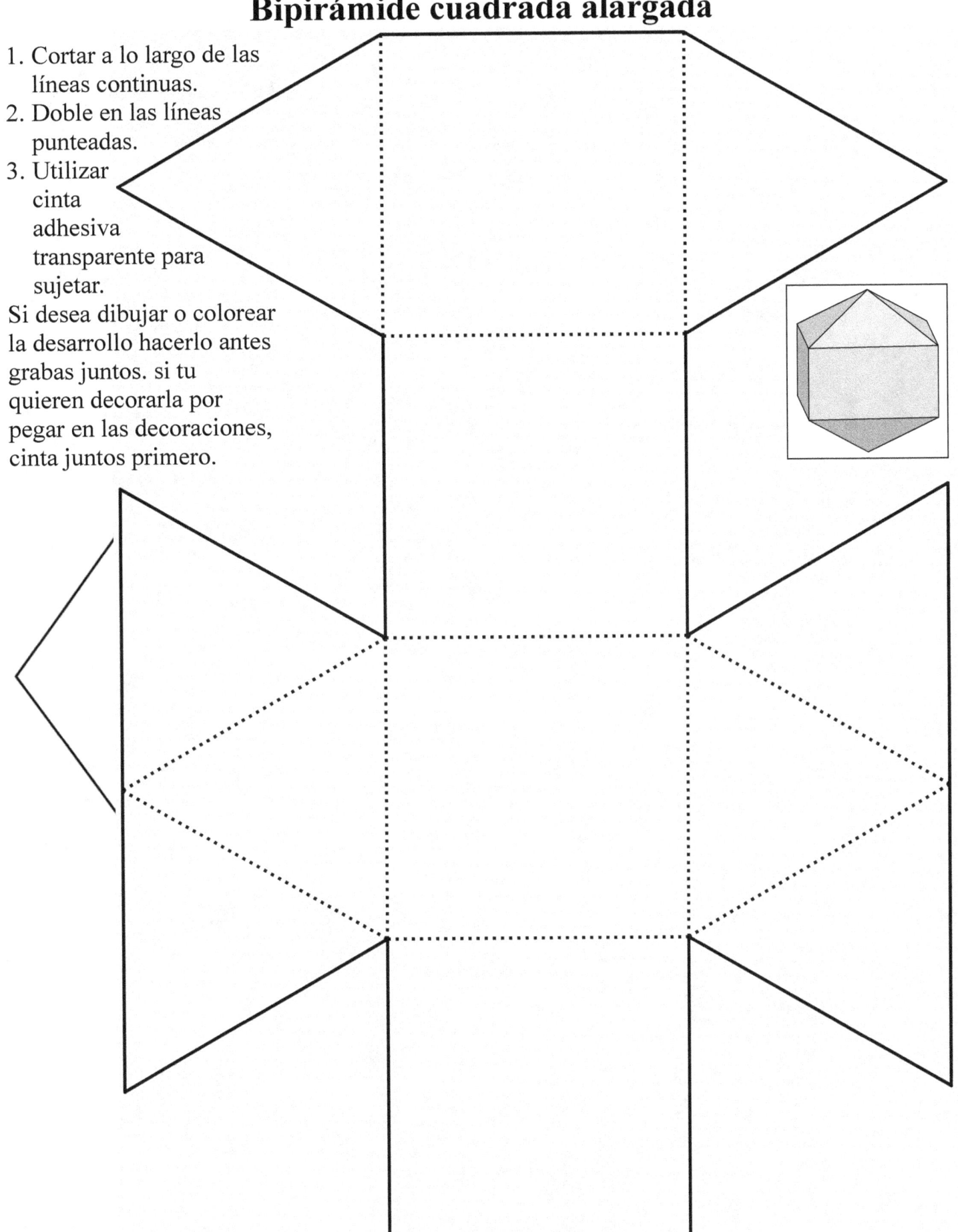

Desarrollos des poliedros por

Pirámide cuadrada alargada

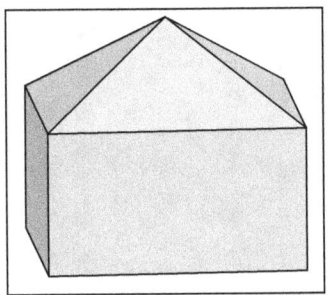

1. Cortar a lo largo de las líneas continuas.
2. Doble en las líneas punteadas.
3. Utilizar cinta adhesiva transparente para sujetar.

Si desea dibujar o colorear
la desarrollo hacerlo antes
grabas juntos. si tu
quieren decorarla por
pegar en las decoraciones,
cinta juntos primero.

Antiprisma triangular alargado

1. Cortar a lo largo de las líneas continuas.
2. Doble en las líneas punteadas.
3. Doble hacia atrás en la línea discontinua
4. Utilice cinta adhesiva transparente para sujetar.

Si desea dibujar o colorear la desarrollo hacerlo antes grabas juntos. si tu quieren decorarla por pegar en las decoraciones, cinta juntos primero.

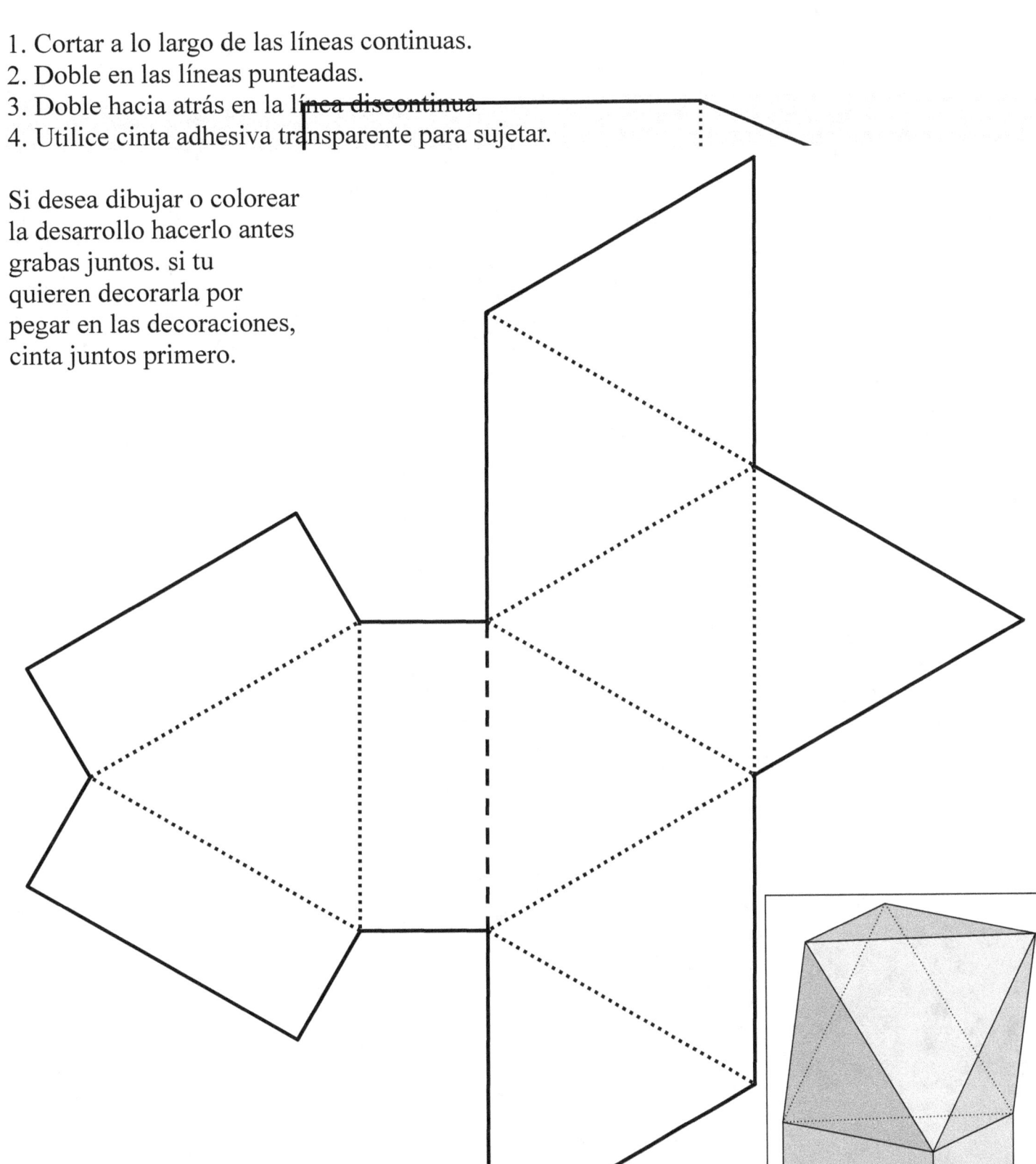

Desarrollos des poliedros por

Cúpula triangular alargado

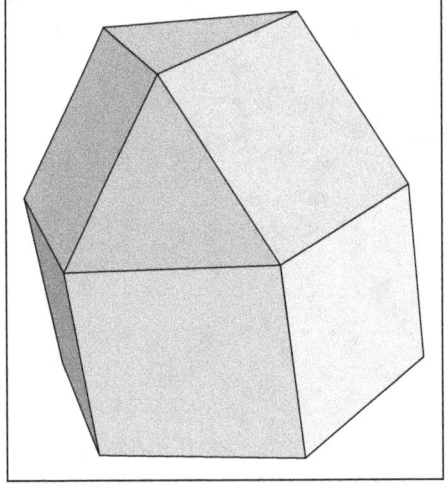

1. Cortar a lo largo de las líneas continuas.
2. Doble en las líneas punteadas.
3. Utilizar cinta adhesiva transparente para sujetar.

Si desea dibujar o colorear
la desarrollo hacerlo antes
grabas juntos. si tu
quieren decorarla por
pegar en las decoraciones,
cinta juntos primero.

Bipirámide triangular alargado

1. Cortar a lo largo de las líneas continuas.
2. Doble en las líneas punteadas.
3. Utilizar cinta adhesiva transparente para sujetar.

Si desea dibujar o colorear la desarrollo hacerlo antes grabas juntos. si tu quieren decorarla por pegar en las decoraciones, cinta juntos primero.

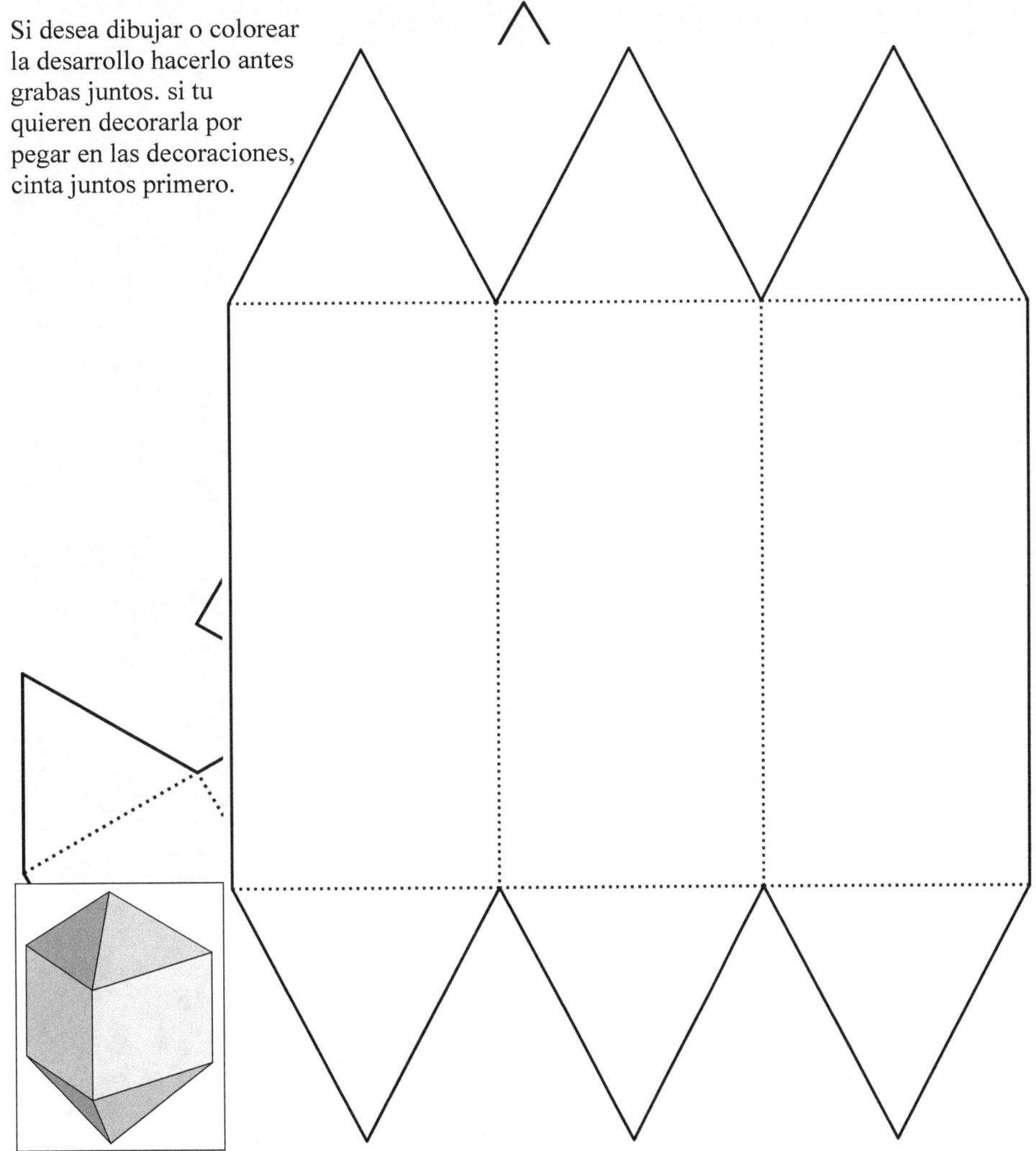

Desarrollos des poliedros por

Pirámide triangular alargado

1. Cortar a lo largo de las líneas continuas.
2. Doble en las líneas punteadas.
3. Utilizar cinta adhesiva transparente para sujetar.

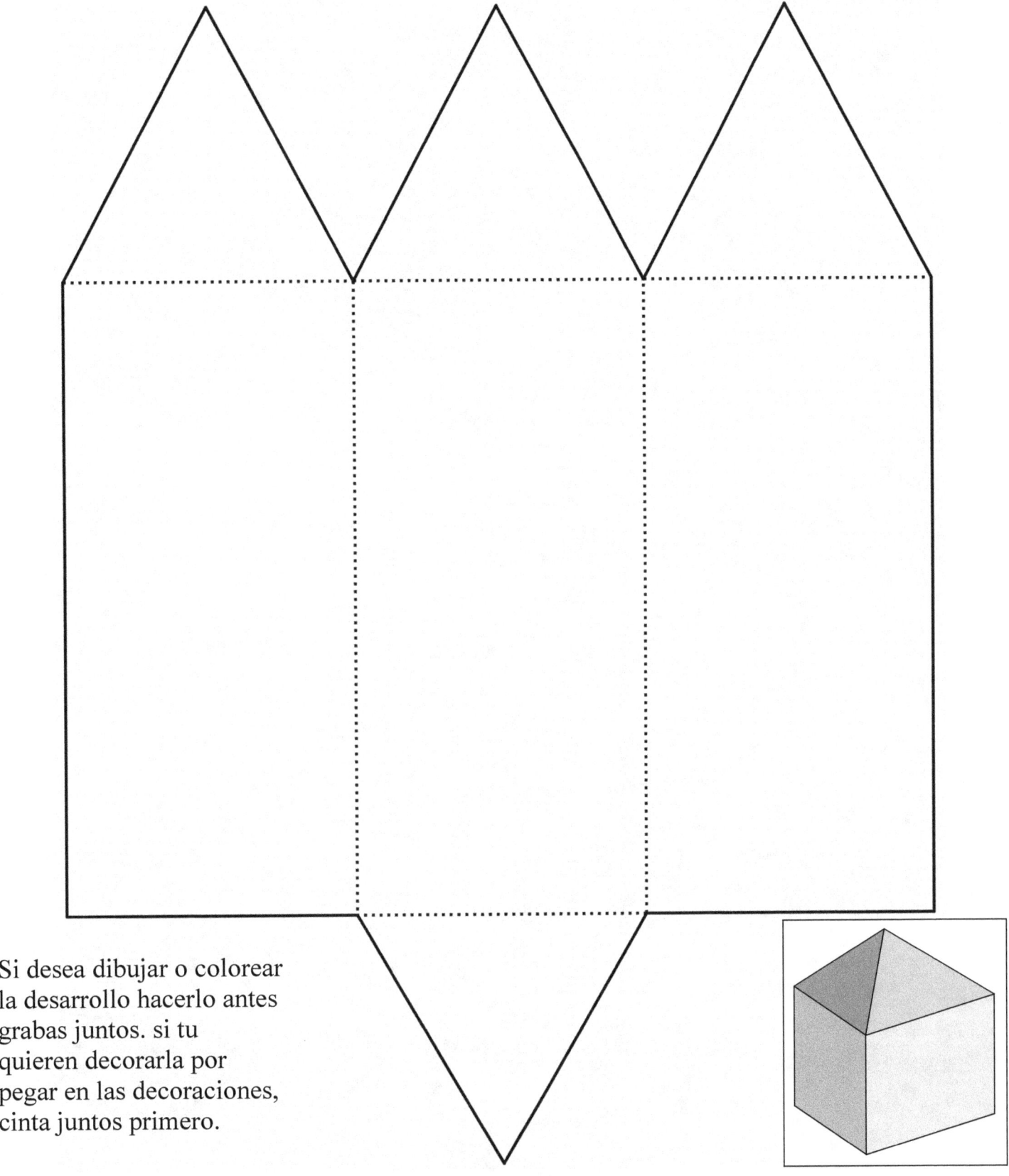

Si desea dibujar o colorear la desarrollo hacerlo antes grabas juntos. si tu quieren decorarla por pegar en las decoraciones, cinta juntos primero.

Tronco de pirámide decagonal

1. Cortar a lo largo de las líneas continuas.
2. Doble en las líneas punteadas.
3. Utilizar cinta adhesiva transparente para sujetar.

Si desea dibujar o colorear la desarrollo hacerlo antes grabas juntos. si tu quieren decorarla por pegar en las decoraciones, cinta juntos primero.

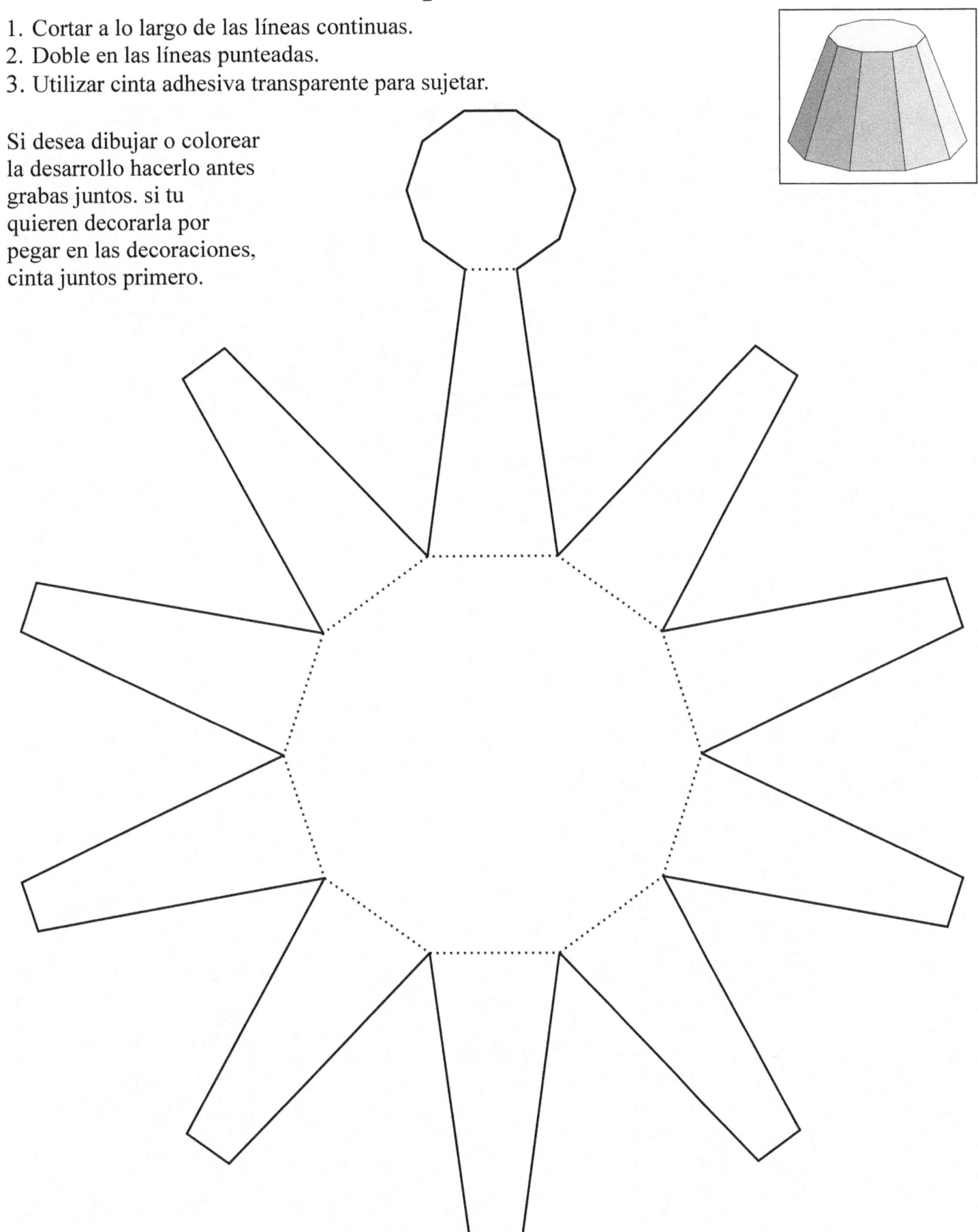

Desarrollos des poliedros por

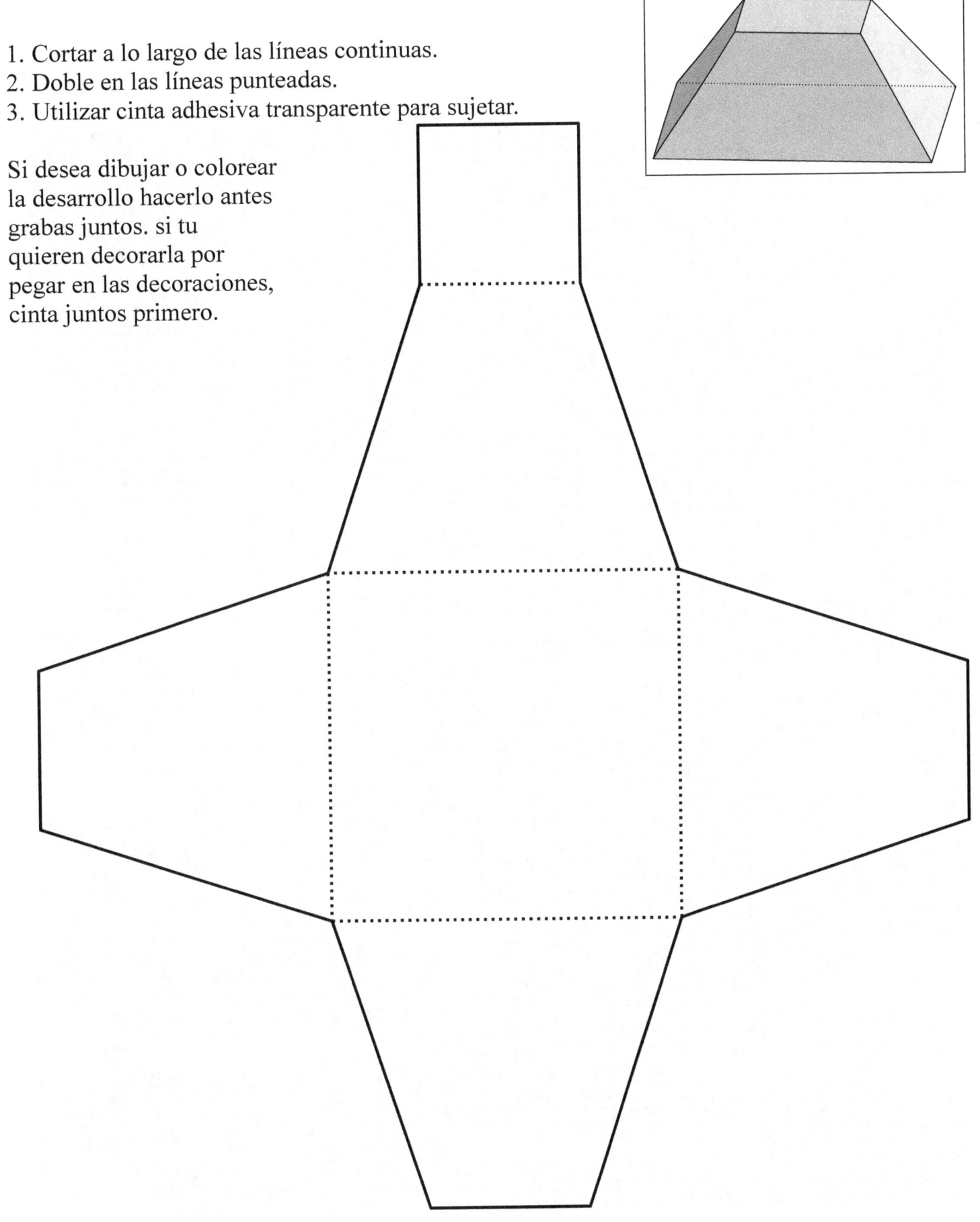

Tronco de pirámide triangular

1. Cortar a lo largo de las líneas continuas.
2. Doble en las líneas punteadas.
3. Utilizar cinta adhesiva transparente para sujetar.

Si desea dibujar o colorear la desarrollo hacerlo antes grabas juntos. si tu quieren decorarla por pegar en las decoraciones, cinta juntos primero.

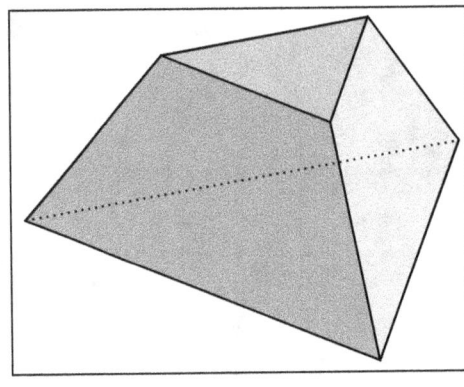

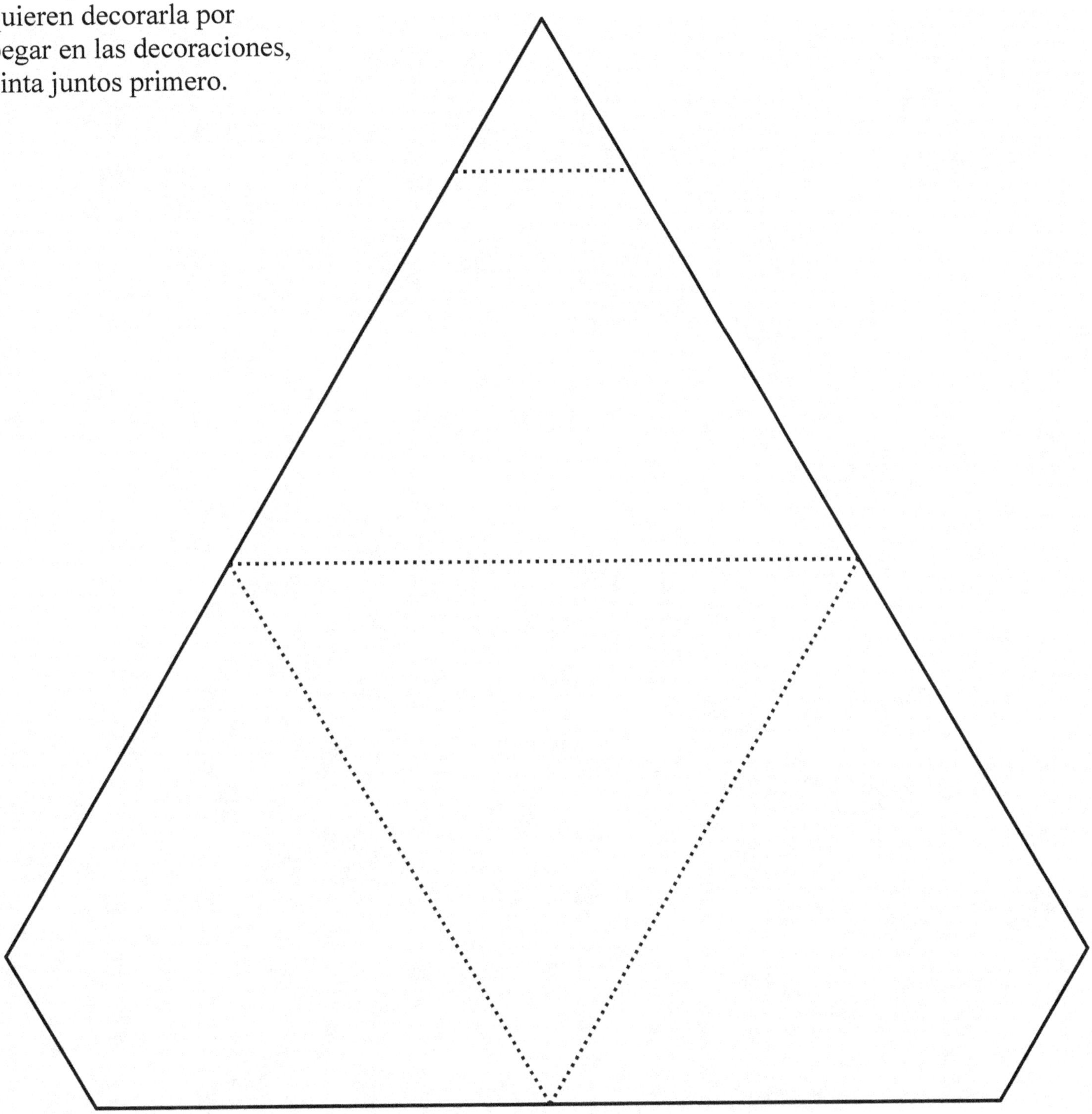

Desarrollos des poliedros por

Gran Dodecaedro

1. Cortar a lo largo de las líneas negras sólidas.
2. Doble hacia atrás en la línea de puntos.
3. Dobla hacia atrás en las líneas discontinuas.
4. Utilizar cinta adhesiva transparente para sujetar.

Si desea dibujar o colorear le desarrollo, hacerlo antes grabas juntos. si tu quieren decorarla por pegar en las decoraciones, cinta juntos primero.

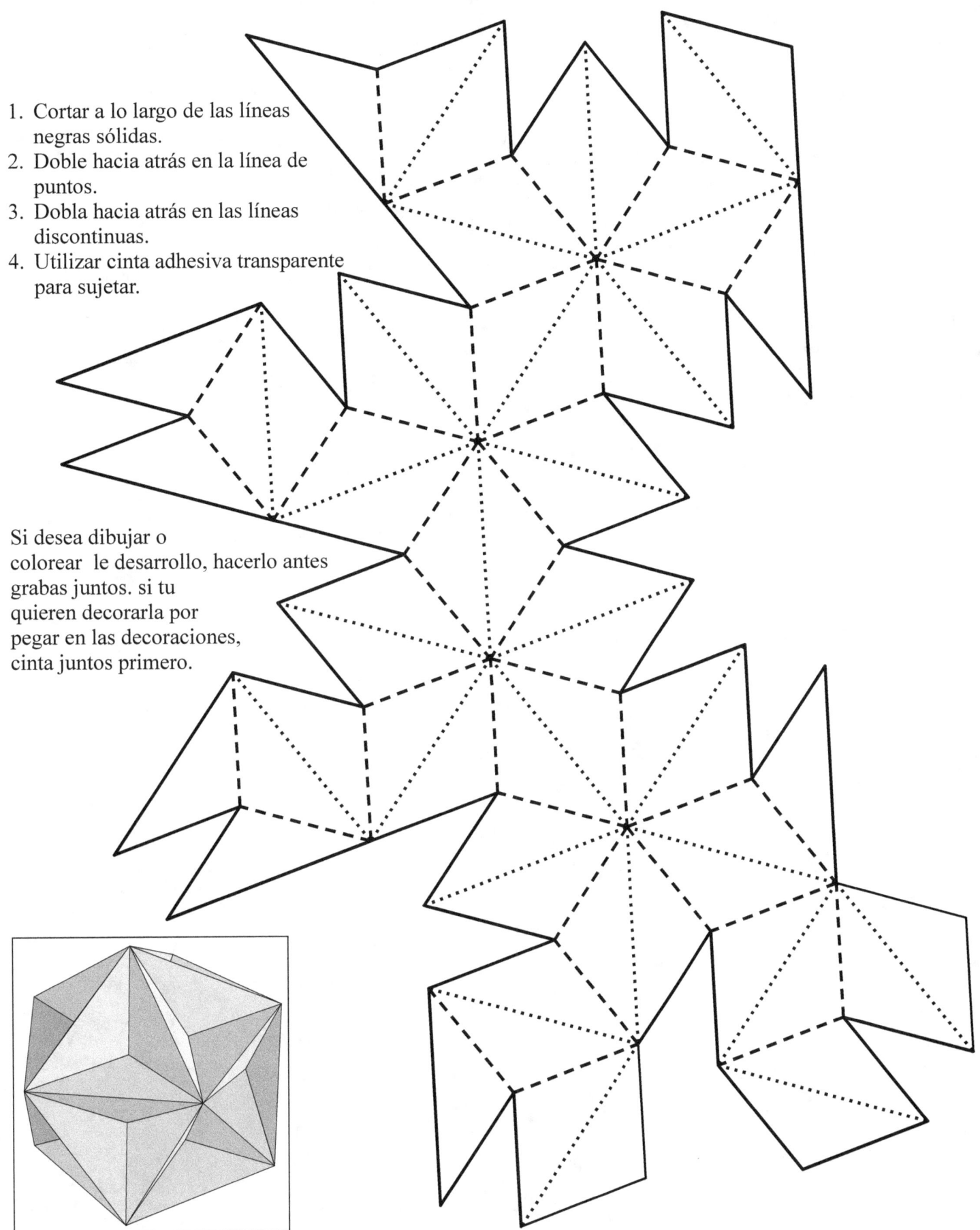

Desarrollos des poliedros por

Gran dodecaedro estrellado

1. Esta es un desarrollos dos partes. La mitad está en esta página, y la mitad se encuentra en la siguiente.
2. Corte las dos partes a lo largo de las líneas continuas.
3. Tape las dos partes juntas en la etiqueta de 'A'.
4. Fold en líneas discontinuas.
5. Utilizar cinta adhesiva transparente para sujetar.

Si desea dibujar o colorear le desarrollo, hacerlo antes grabas juntos. si tu quieren decorarla por pegar en las decoraciones, cinta juntos primero.

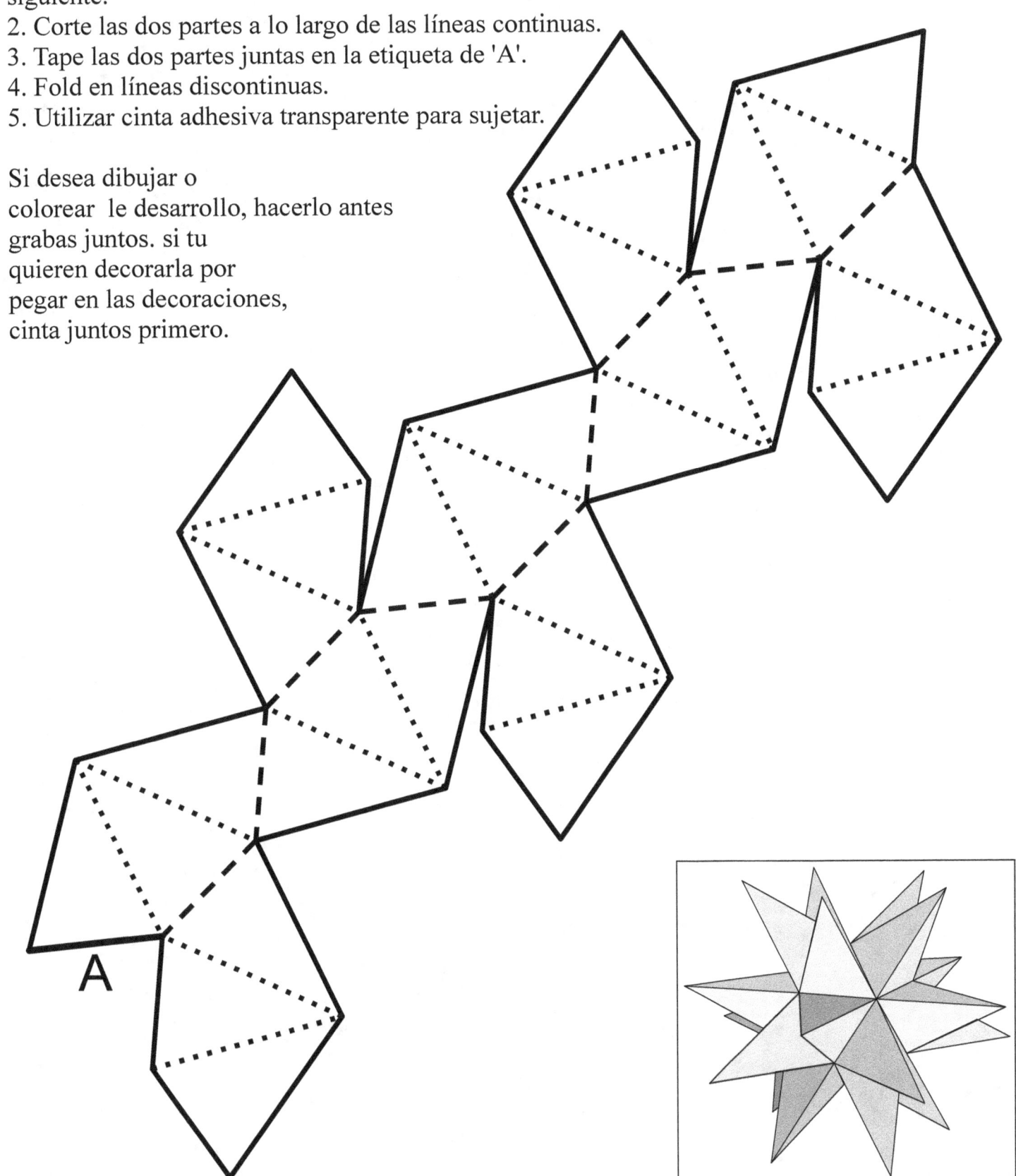

Desarrollos des poliedros por

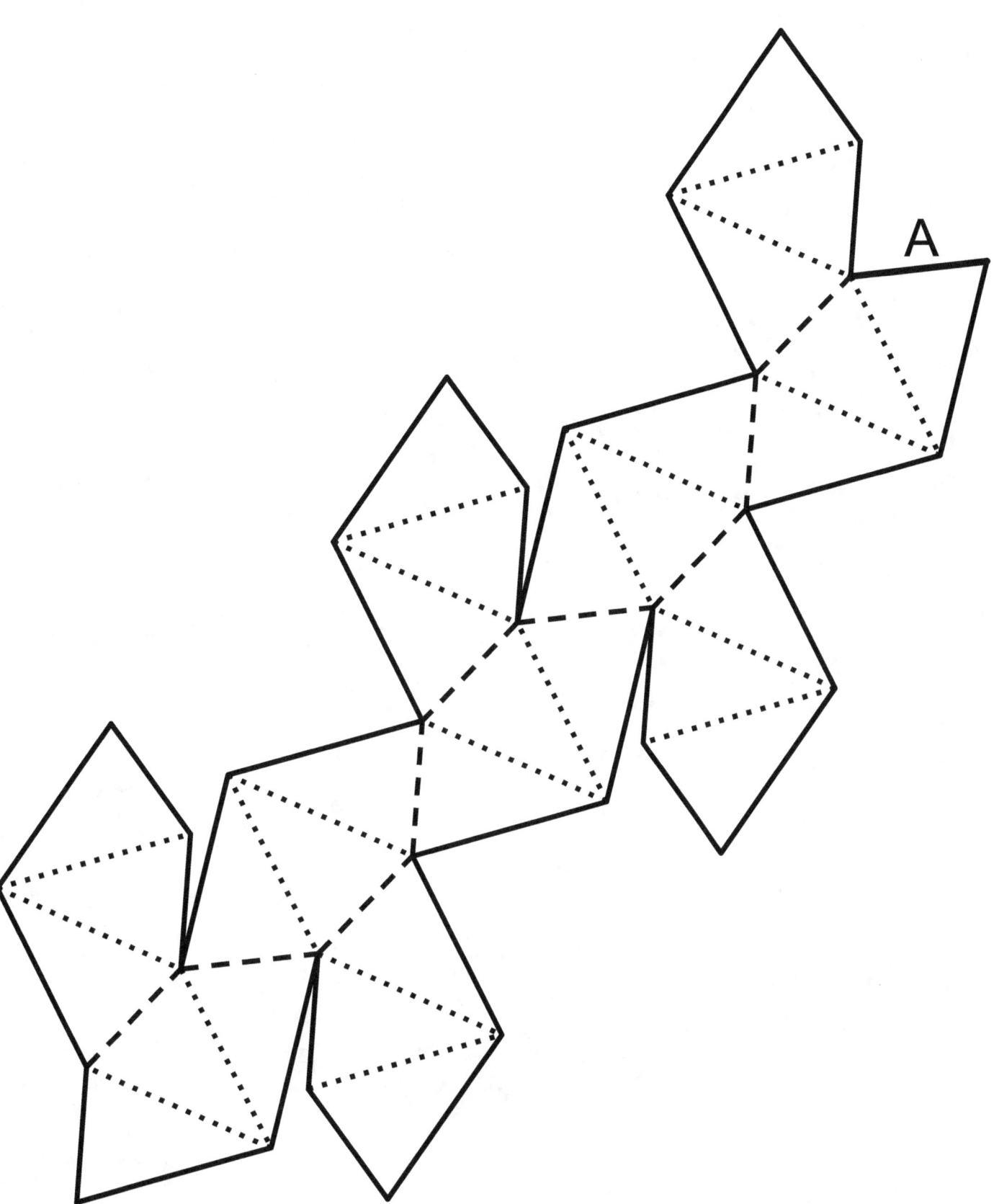

Desarrollos des poliedros por

53

Giroelongada pirámide pentagonal

1. Cortar a lo largo de las líneas continuas.
2. Doble en las líneas punteadas.
3. Utilizar cinta adhesiva transparente para sujetar.

Si desea dibujar o colorear le desarrollo, hacerlo antes grabas juntos. Si quieres decorar por encolado en decoraciones, cinta adhesiva juntos primero.

Desarrollos des poliedros por

Derechos de Autor 2015 puede ser copiado solamente para uso educativo incidental, no comercial. Ver nota de copyright para más información.

Dipirámide cuadrado giroelongada

1. Cortar a lo largo de las líneas continuas.
2. Doble en las líneas punteadas.
3. Utilizar cinta adhesiva transparente para sujetar.

Si desea dibujar o colorear le desarrollo, hacerlo antes grabas juntos. Si quieres decorar pegando en decoraciones, cinta juntos primero.

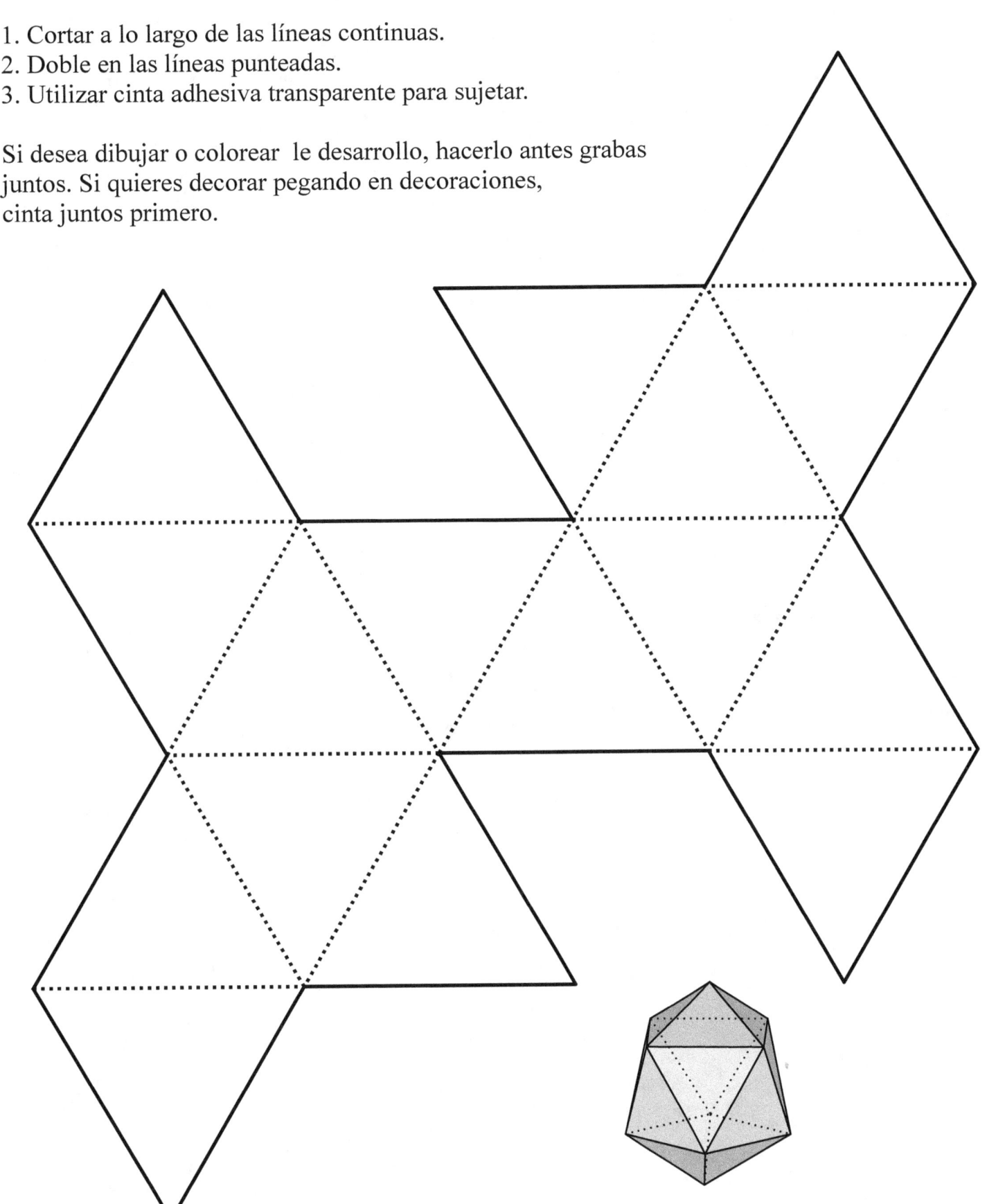

Desarrollos des poliedros por

Prisma cuadrado giroelongada

1. Cortar a lo largo de las líneas continuas.
2. Dobla las líneas de puntos.
3. Utilizar cinta adhesiva transparente para sujetar.

Si desea dibujar o colorear le desarrollo, hacerlo antes grabas juntos. si tu quieren decorarla por pegar en decoraciones, cinta juntos primero.

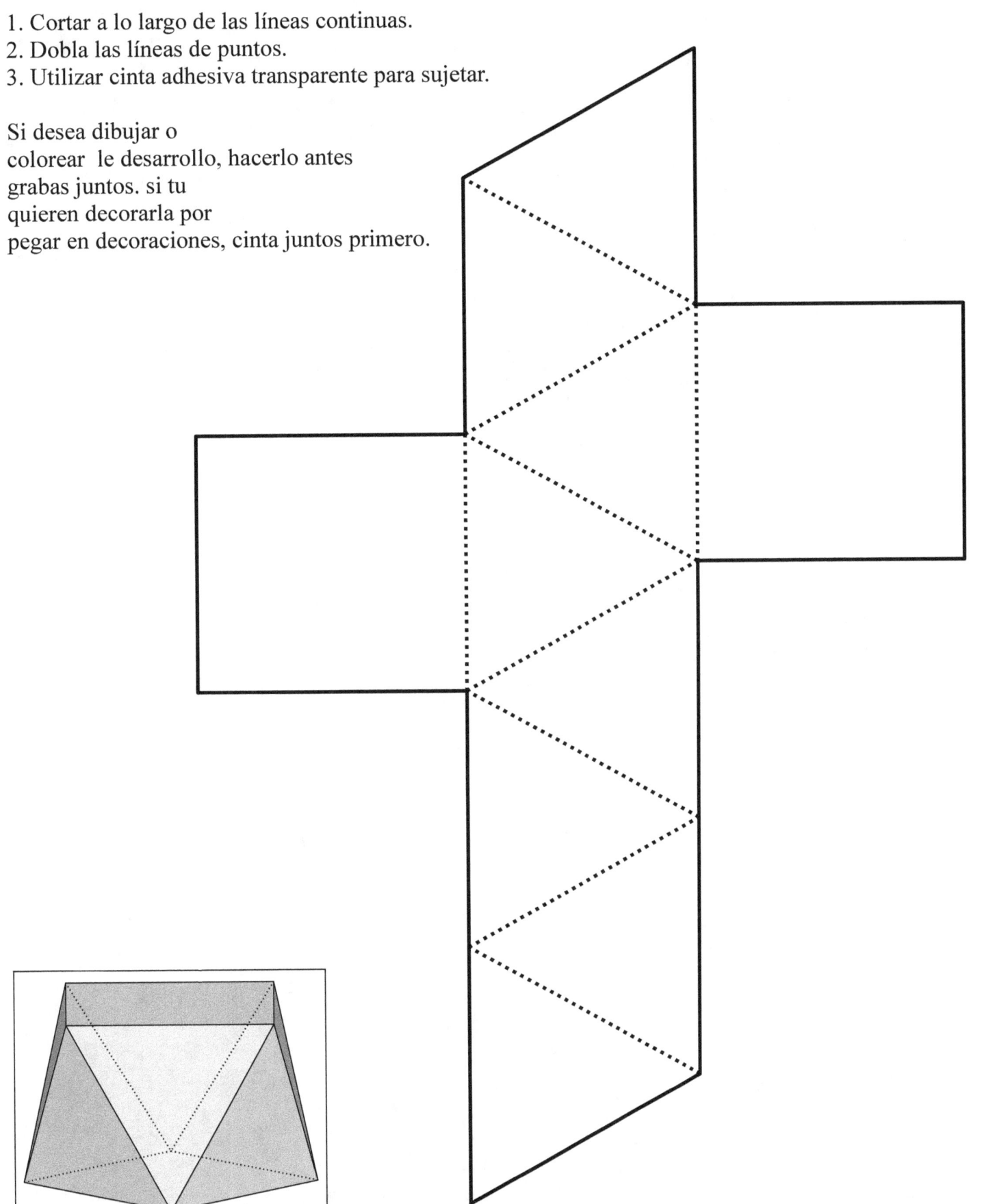

Desarrollos des poliedros por

Derechos de Autor 2015 puede ser copiado solamente para uso educativo incidental, no comercial. Ver nota de copyright para más información.

Giroelongada pirámide cuadrada

1. Cortar a lo largo de las líneas continuas.
2. Doble en las líneas punteadas.
3. Utilizar cinta adhesiva transparente para sujetar.

Si desea dibujar o colorear le desarrollo, hacerlo antes grabas juntos. si tu quieren decorarla por pegar en las decoraciones, cinta juntos primero.

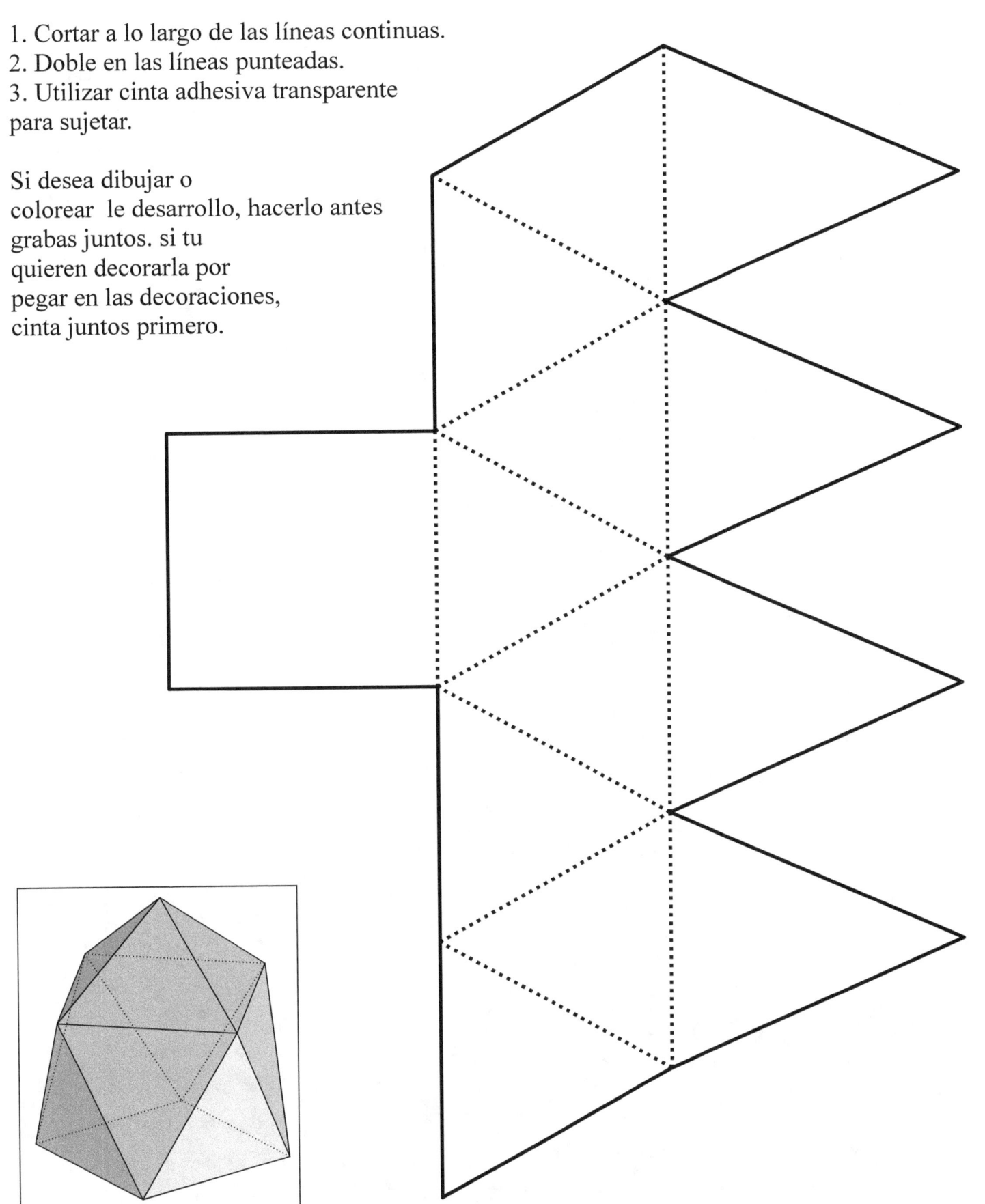

Desarrollos des poliedros por

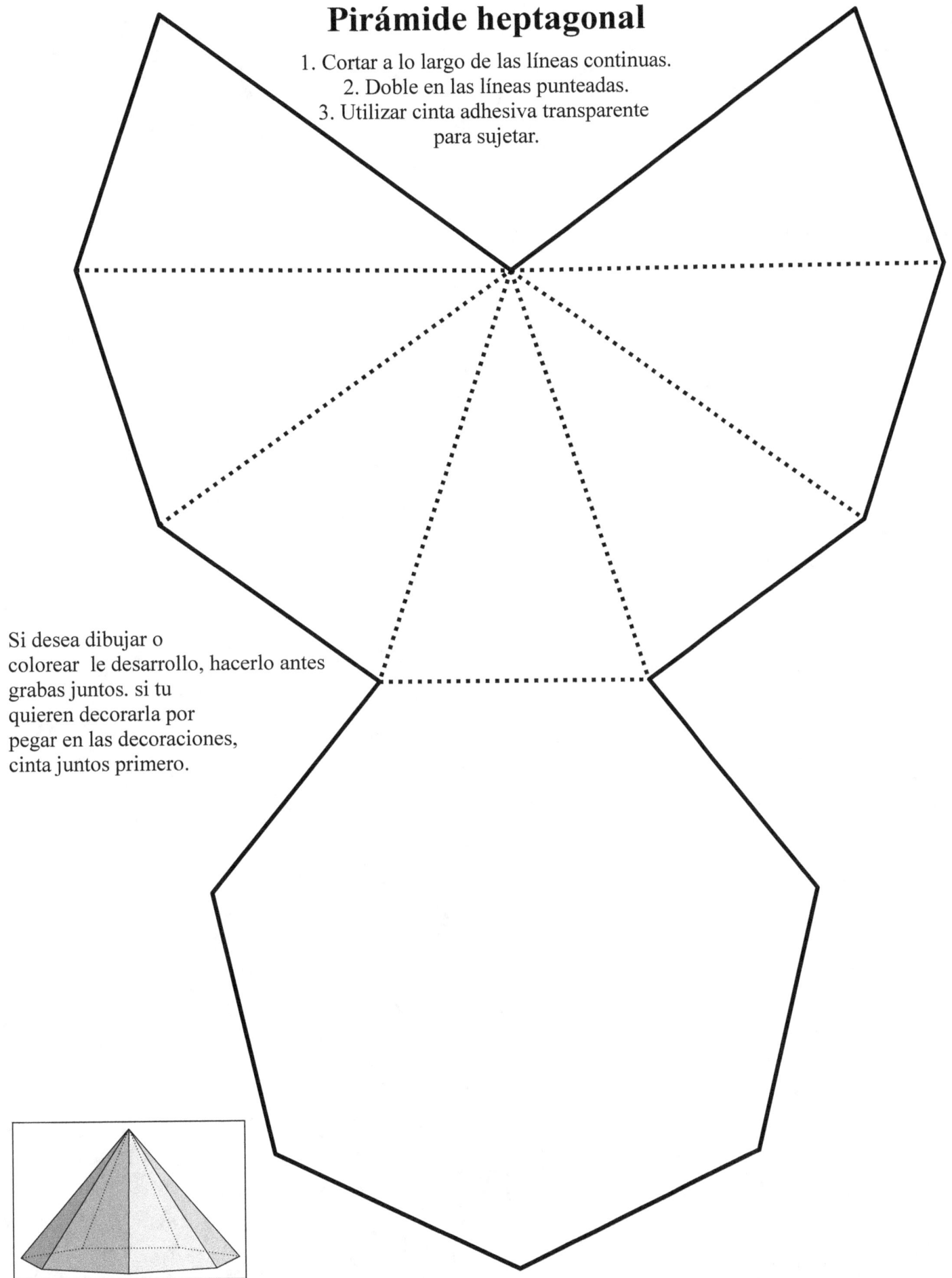

Heptaedro 4,4,4,3,3,3,3

1. Cortar a lo largo de las líneas continuas.
2. Doble en las líneas punteadas.
3. Utilizar cinta adhesiva transparente para sujetar.

Si desea dibujar o colorear le desarrollo, hacerlo antes grabas juntos. si tu quieren decorarla por pegar en las decoraciones, cinta juntos primero.

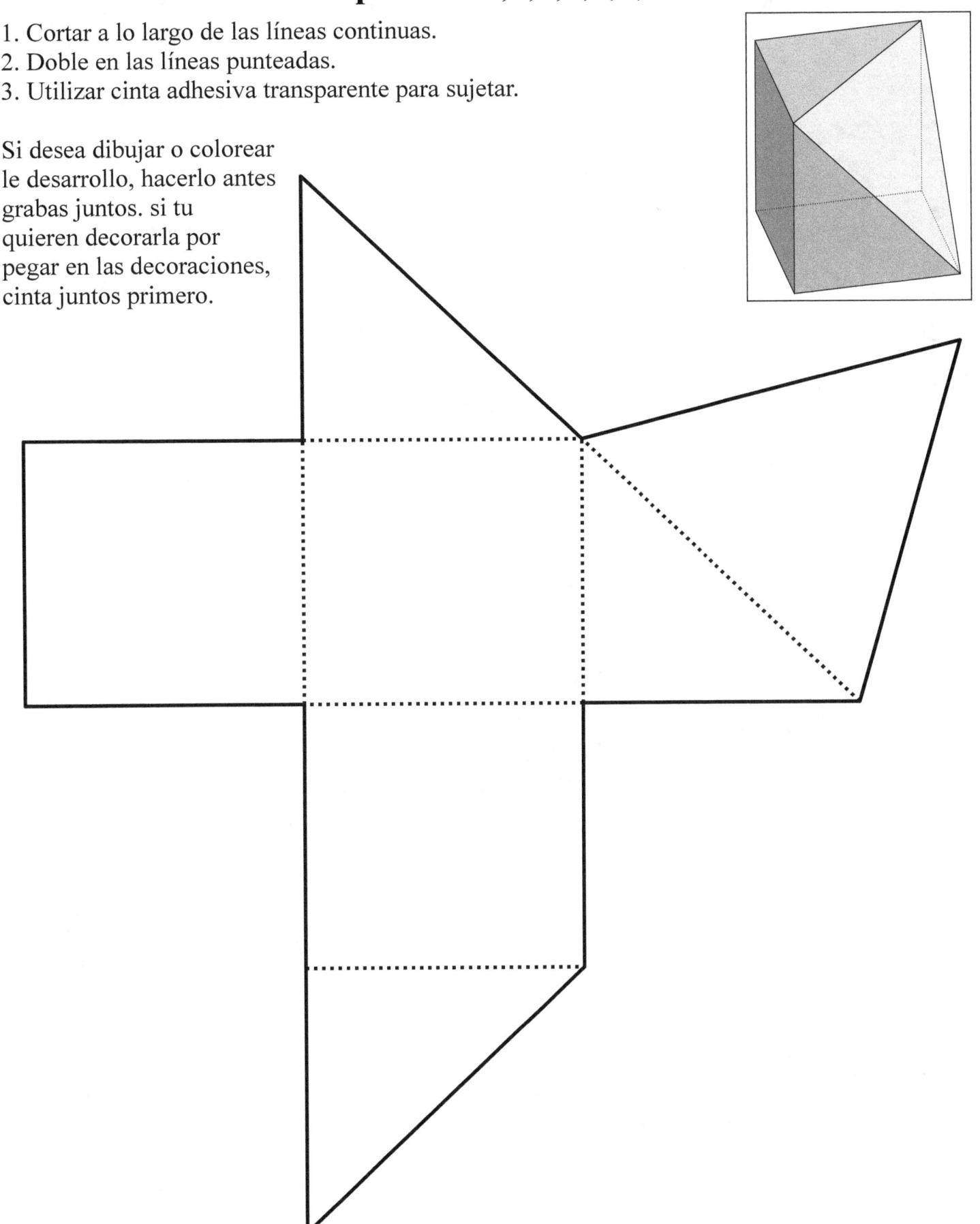

Desarrollos des poliedros por

Heptaedro 5,5,5,4,4,4,3

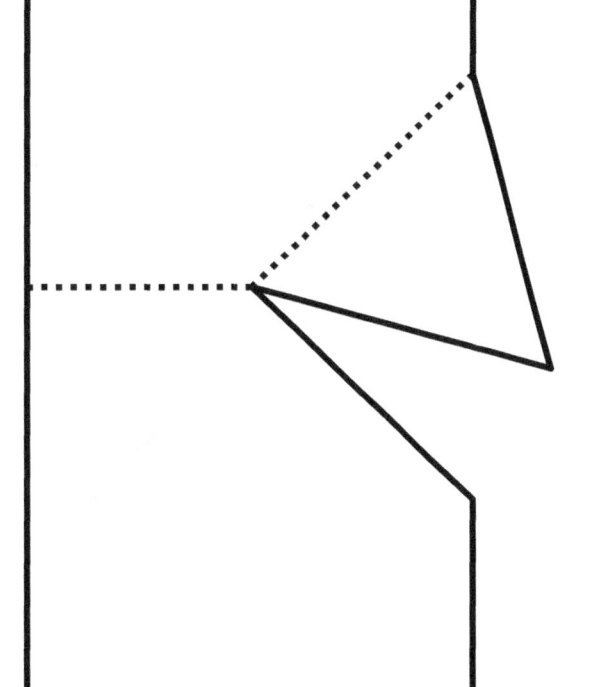

1. Cortar a lo largo de las líneas continuas.
2. Doble en las líneas punteadas.
3. Utilizar cinta adhesiva transparente para sujetar.

Si desea dibujar o color le desarrollo, hacerlo antes de grabarlo juntos. Si quieres decorar por pegar en las decoraciones, cinta juntos primero.

Desarrollos des poliedros por

Heptaedro 6,6,4,4,4,3,3

1. Cortar a lo largo de las líneas continuas.
2. Doble en las líneas punteadas.
3. Utilizar cinta adhesiva transparente para sujetar.

Si desea dibujar o colorear le desarrollo, hacerlo antes grabas juntos. si tu quieren decorarla por pegar en las decoraciones, cinta juntos primero.

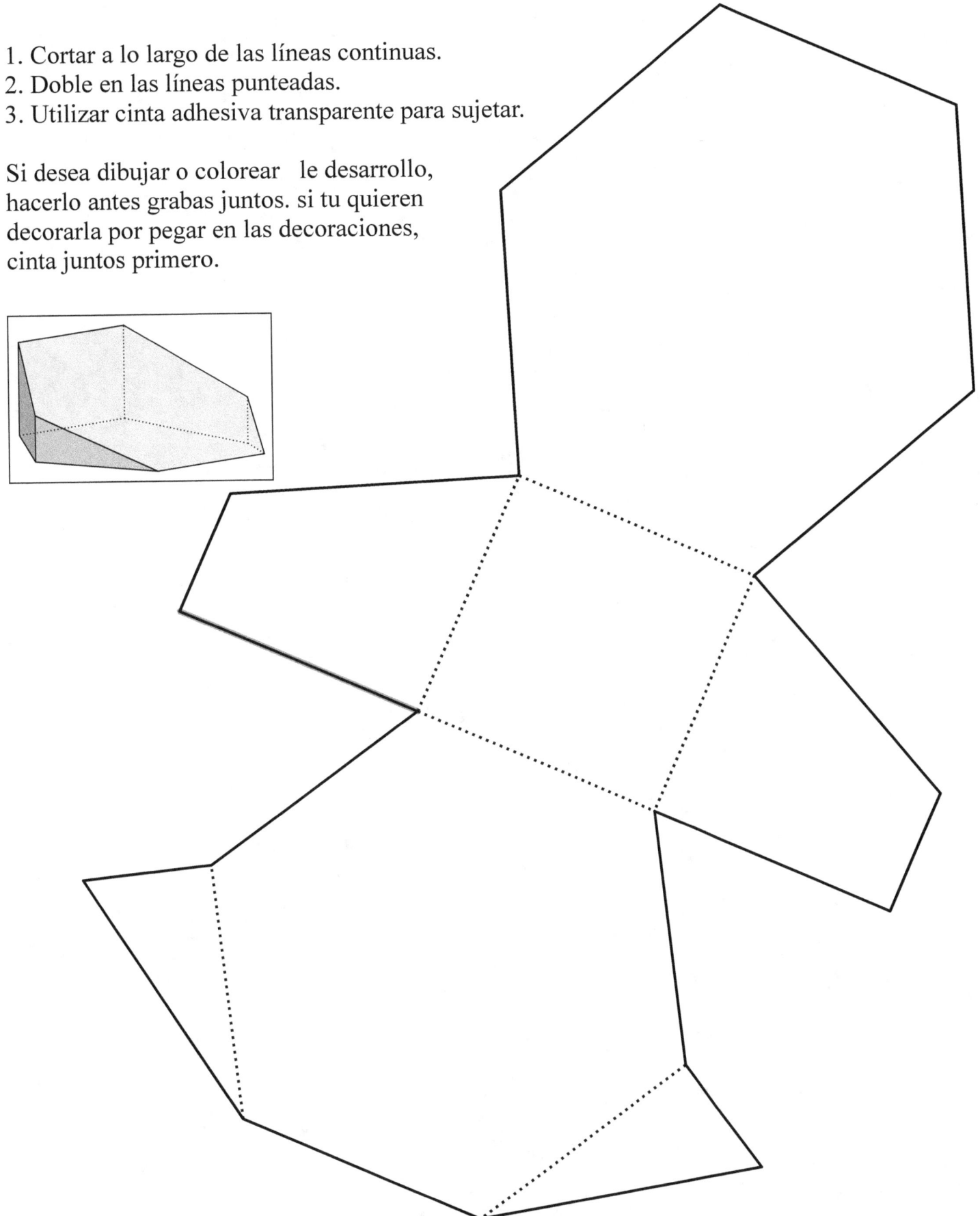

Desarrollos des poliedros por

Prisma hexagonal

1. Cortar a lo largo de las líneas continuas.
2. Doble en las líneas punteadas.
3. Utilizar cinta adhesiva transparente para sujetar.

Si desea dibujar o colorear le desarrollo, hacerlo antes grabas juntos. si tu quieren decorarla por pegar en las decoraciones, cinta juntos primero.

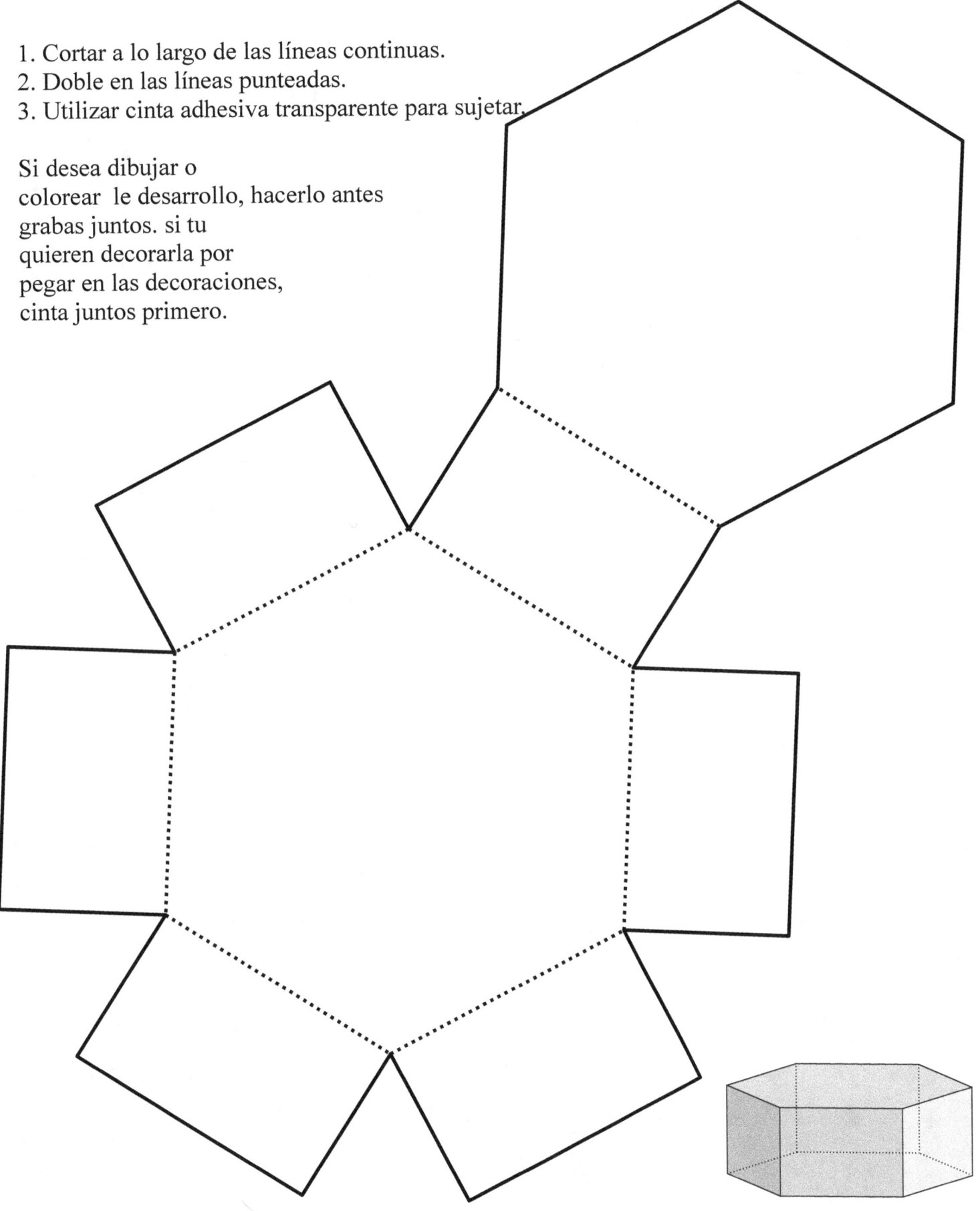

Desarrollos des poliedros por

Derechos de Autor 2015 puede ser copiado solamente para uso educativo incidental, no comercial. Ver nota de copyright para más información.

Pirámide hexagonal

1. Cortar a lo largo de las líneas continuas.
2. Doble en las líneas punteadas.
3. Utilizar cinta adhesiva transparente para sujetar.

Si desea dibujar o colorear le desarrollo, hacerlo antes
grabas juntos. Si quieres decorar por
pegar en decoraciones, cinta juntos primero.

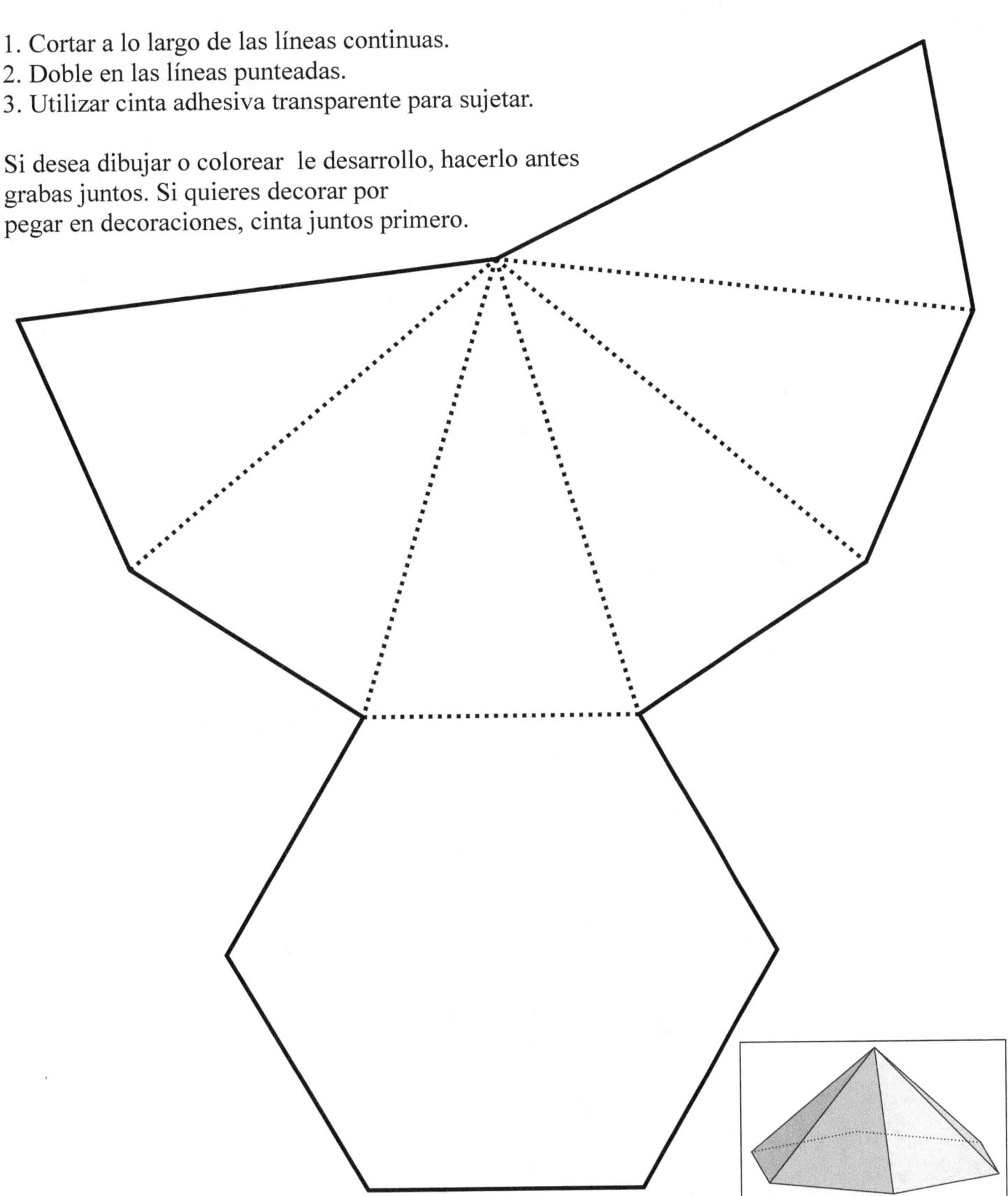

Desarrollos des poliedros por

Hexaedro 4,4,4,4,3,3

1. Cortar a lo largo de las líneas continuas.
2. Doblar a lo largo de las líneas de puntos.
3. Utilizar cinta adhesiva transparente para sujetar.

Si desea dibujar o colorear le desarrollo, hacerlo antes de grabarlo juntos. Si quiere decorarlo pegando decoraciones, graban juntos por primera vez.

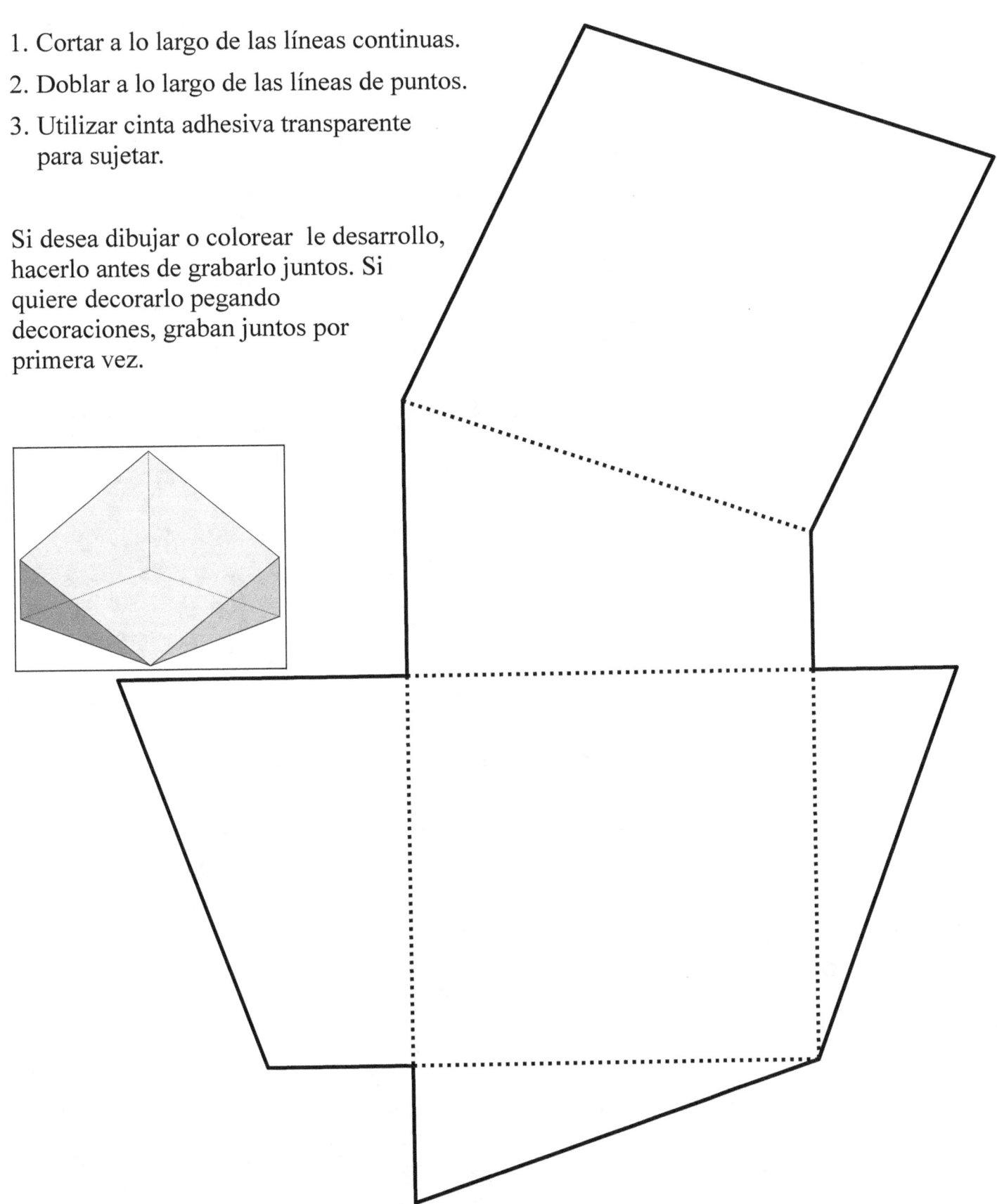

Desarrollos des poliedros por

Hexaedro 5,4,4,3,3,3

1. Cortar a lo largo de las líneas continuas.
2. Doblar a lo largo de las líneas de puntos.
3. Utilizar cinta adhesiva transparente para sujetar.

Si desea dibujar o colorear le desarrollo, hacerlo antes de grabarlo juntos. Si quiere decorarlo pegando decoraciones, graban juntos por primera vez.

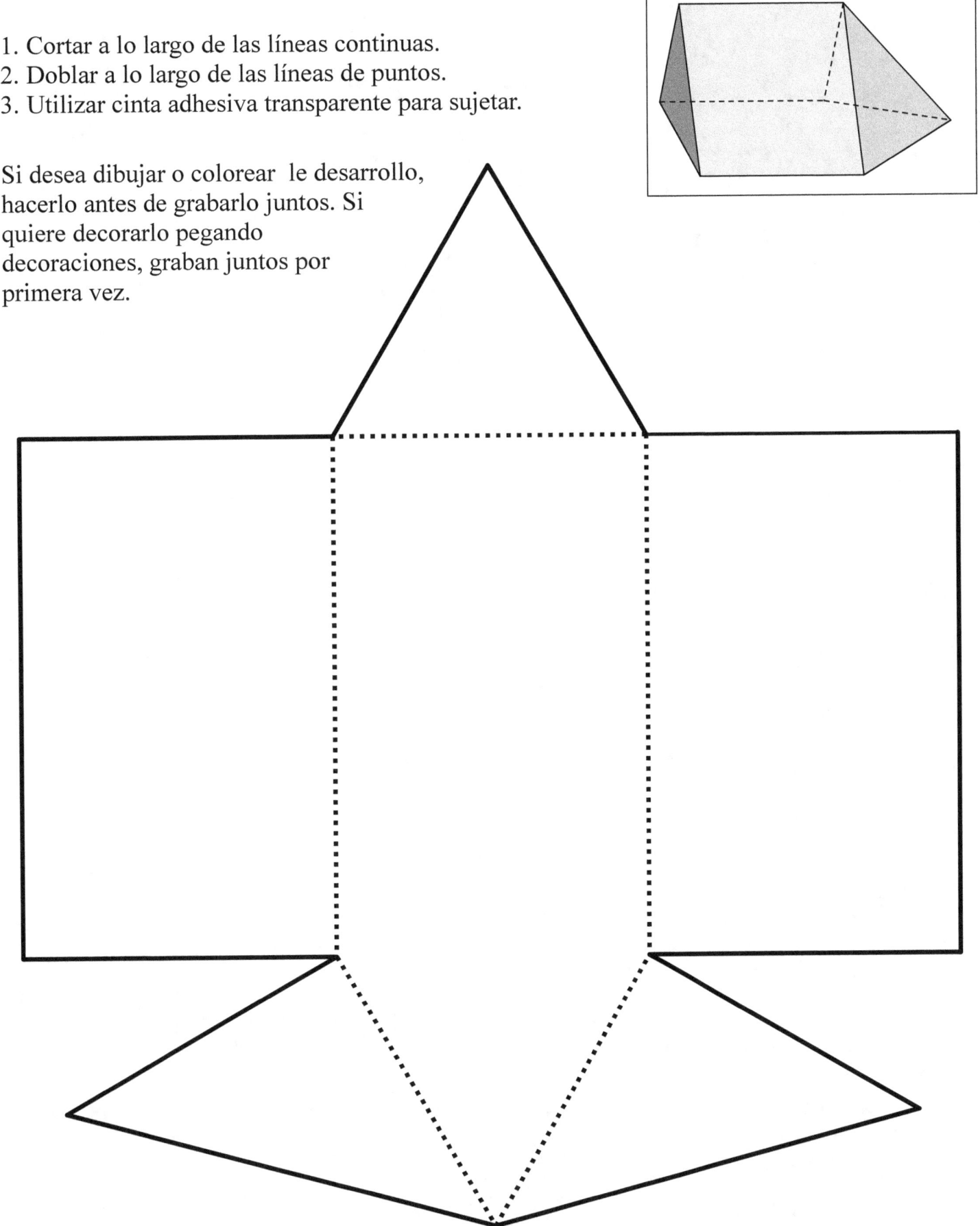

Desarrollos des poliedros por
Derechos de Autor 2015 puede ser copiado solamente para uso educativo incidental, no comercial. Ver nota de copyright para más información.

Hexaedro 5,5,4,4,3,3

1. Cortar a lo largo de las líneas continuas.
2. Doblar a lo largo de las líneas de puntos.
3. Utilizar cinta adhesiva transparente para sujetar.

Si desea dibujar o colorear le desarrollo, hacerlo antes de grabarlo juntos. Si quiere decorarlo pegando decoraciones, graban juntos por primera vez.

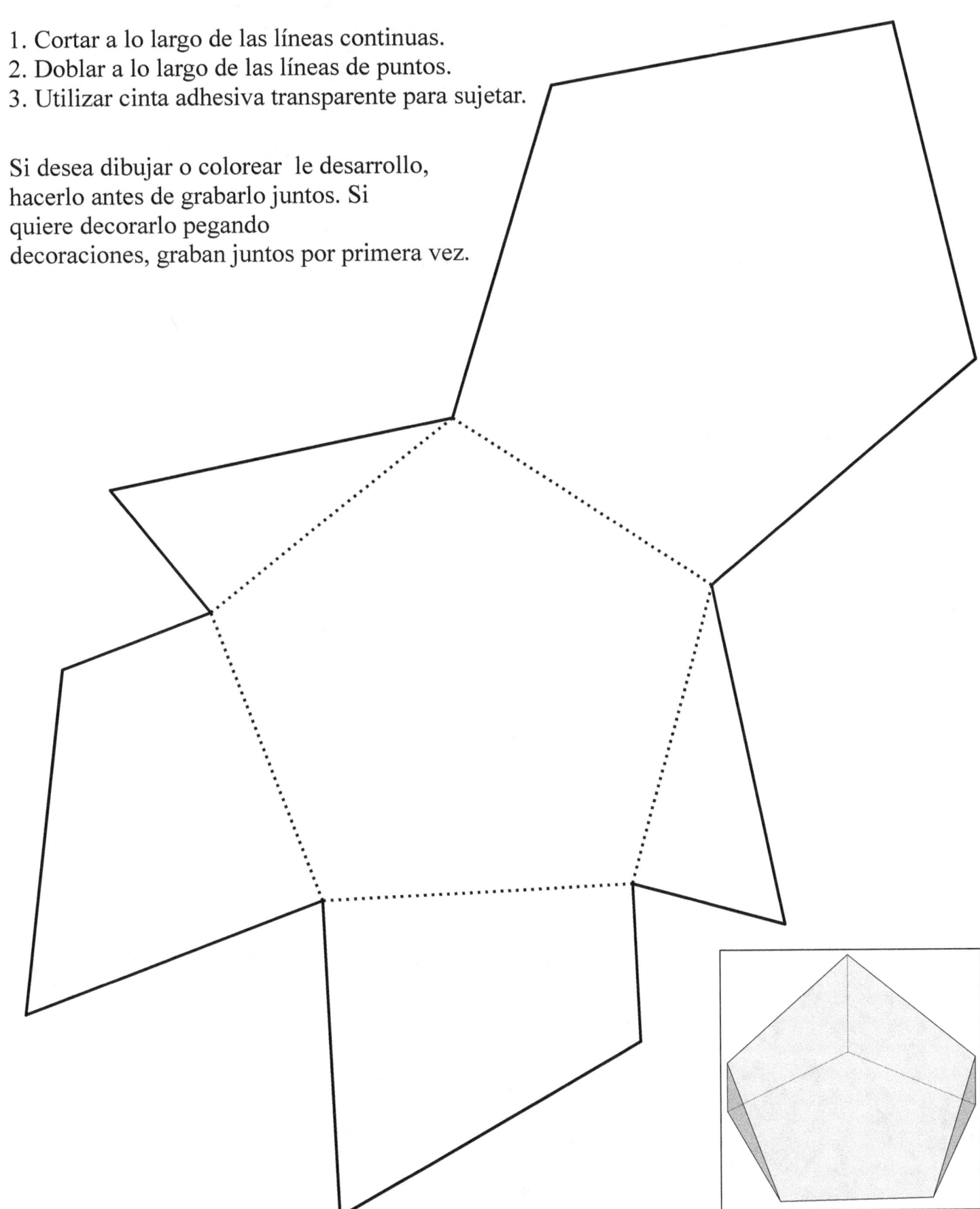

Desarrollos des poliedros por

Icosaedro regular

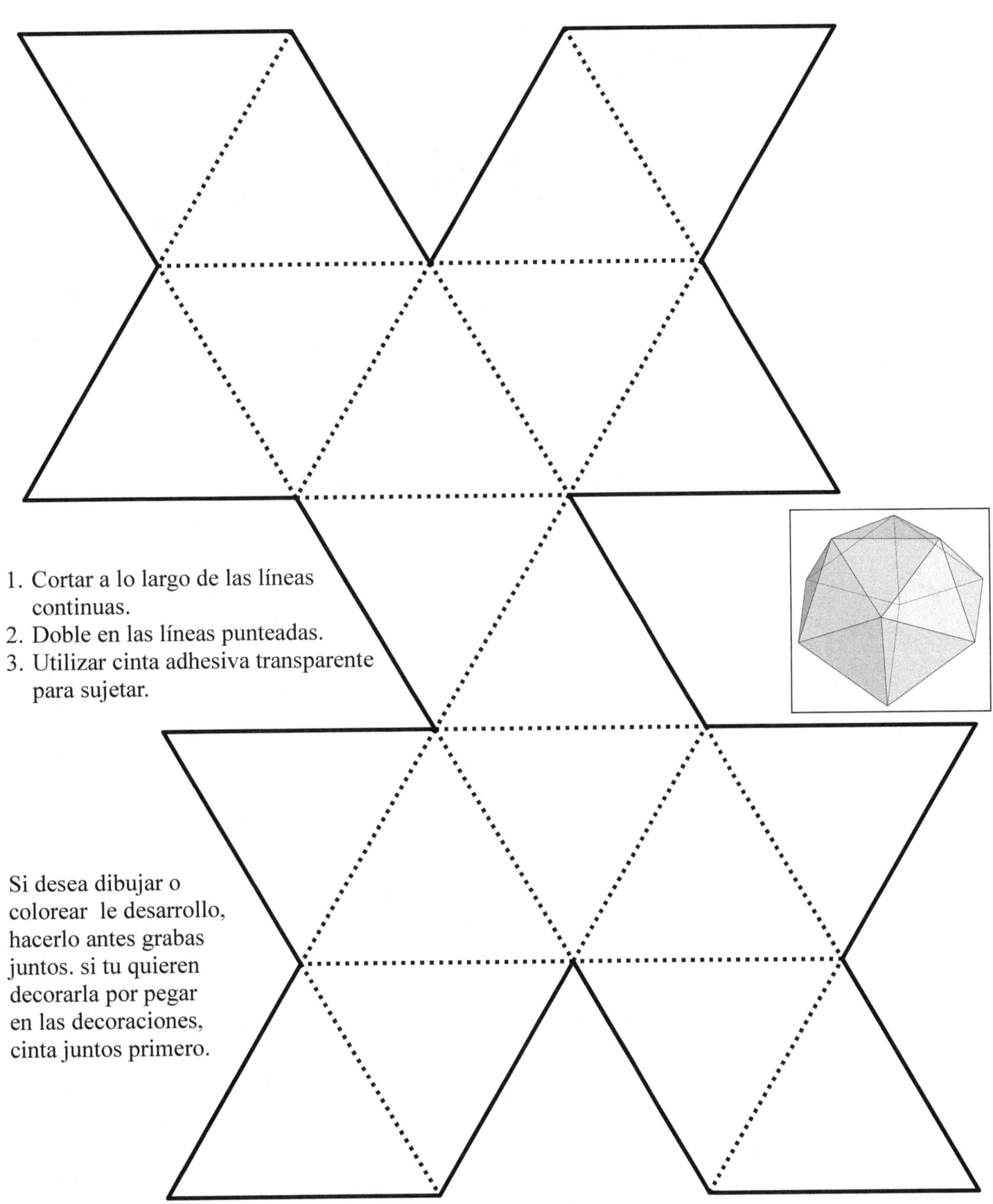

1. Cortar a lo largo de las líneas continuas.
2. Doble en las líneas punteadas.
3. Utilizar cinta adhesiva transparente para sujetar.

Si desea dibujar o colorear le desarrollo, hacerlo antes grabas juntos. si tu quieren decorarla por pegar en las decoraciones, cinta juntos primero.

Desarrollos des poliedros por

Icosidodecaedro

1. Cortar a lo largo de las líneas continuas.
2. Doble en las líneas punteadas.
3. Utilizar cinta adhesiva transparente para sujetar.

Si desea dibujar o colorear le desarrollo, hacerlo antes grabas juntos. si tu quieren decorarla por pegar en las decoraciones, cinta juntos primero.

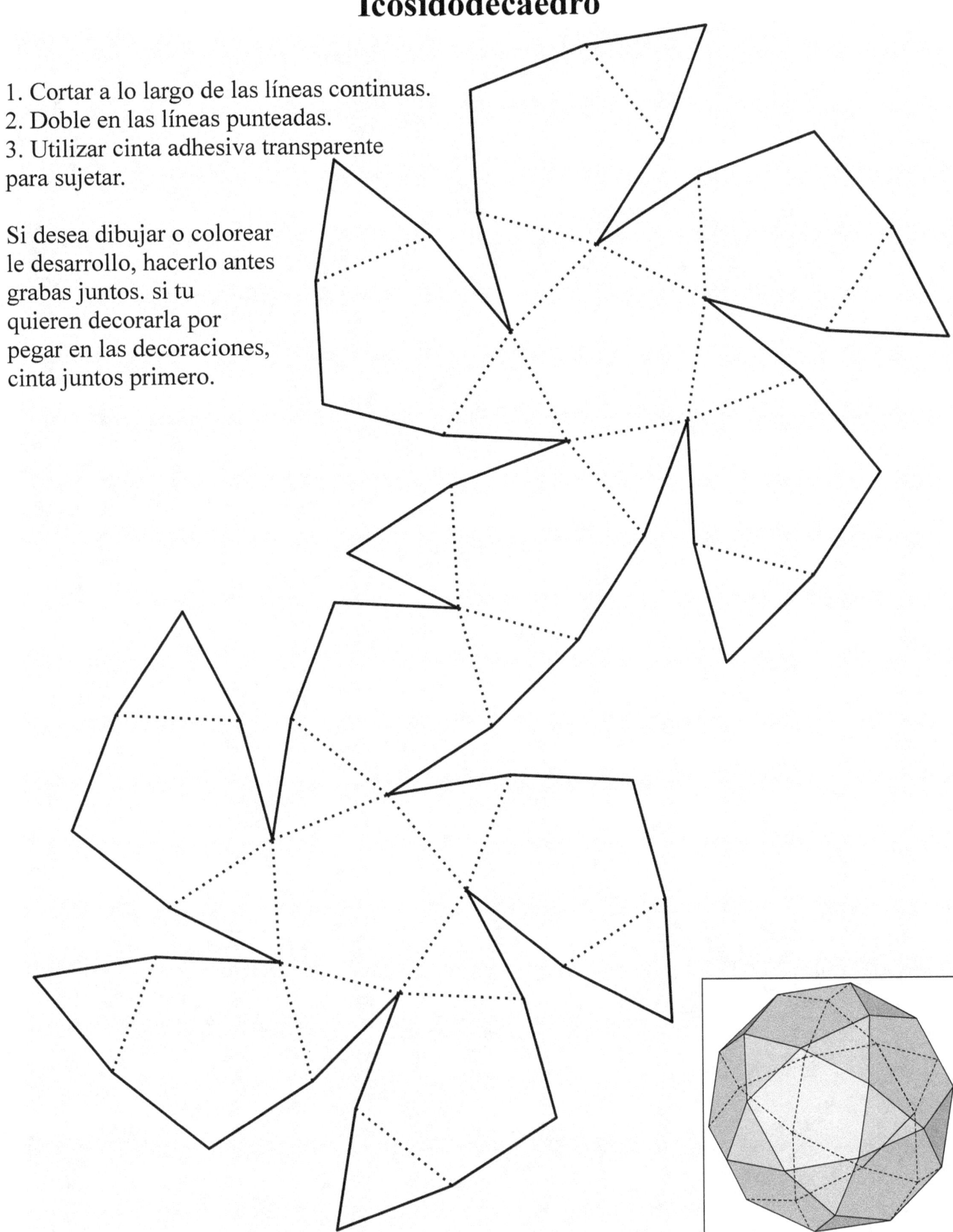

Desarrollos des poliedros por

Pirámide cuadrada oblicua

1. Cortar a lo largo de las líneas continuas.
2. Doble en las líneas punteadas.
3. Utilizar cinta adhesiva transparente para sujetar.

Si desea dibujar o colorear
le desarrollo, hacerlo antes
grabas juntos. si tu
quieren decorarla porgluing on decorations,

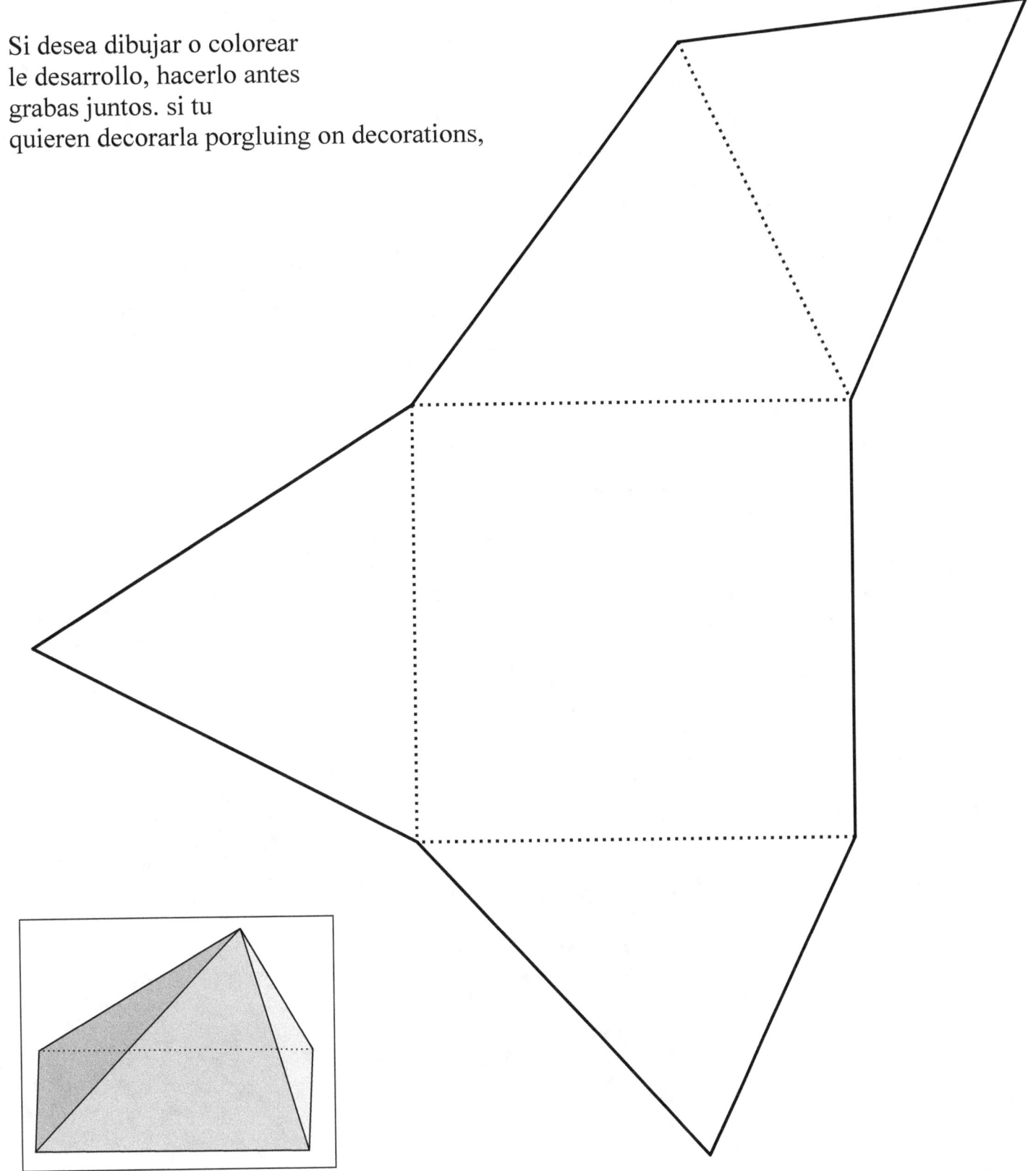

Desarrollos des poliedros por

Antiprisma oktagonal

1. Cortar a lo largo de las líneas continuas.
2. Doble en las líneas punteadas.
3. Utilizar cinta adhesiva transparente para sujetar.

Si desea dibujar o colorear le desarrollo, hacerlo antes grabas juntos.
Si quieres decorar por pegar en las decoraciones, cinta juntos primero.

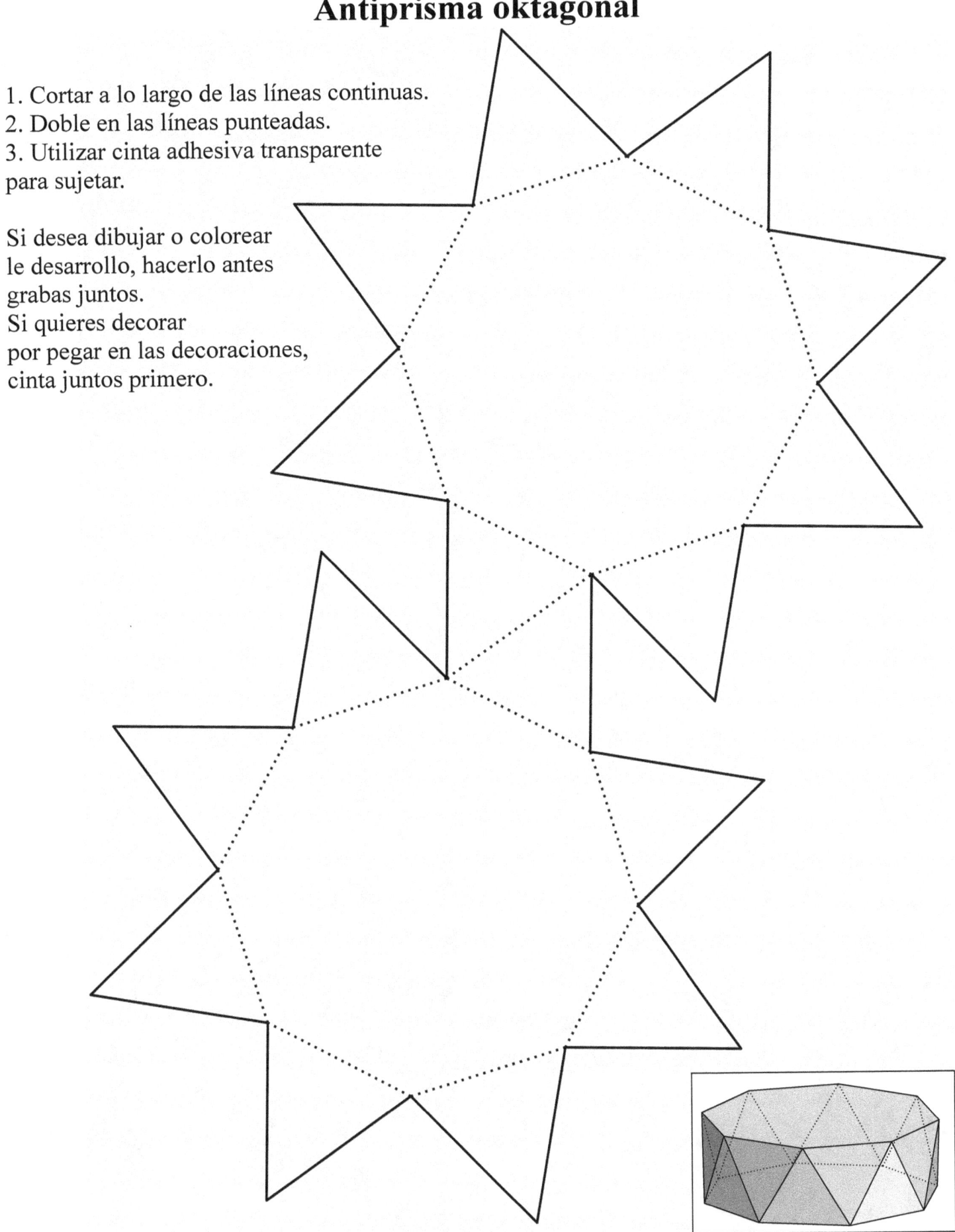

Desarrollos des poliedros por

Octaedro regular

Este poliedro también puede ser llamado un bipirámide cuadrada.
1. Cortar a lo largo de las líneas continuas.
2. Doble en las líneas punteadas.
3. Utilizar cinta adhesiva transparente para sujetar.

Si desea dibujar o colorear le desarrollo, hacerlo antes grabas juntos. si tu quieren decorarla por pegar en las decoraciones, cinta juntos primero.

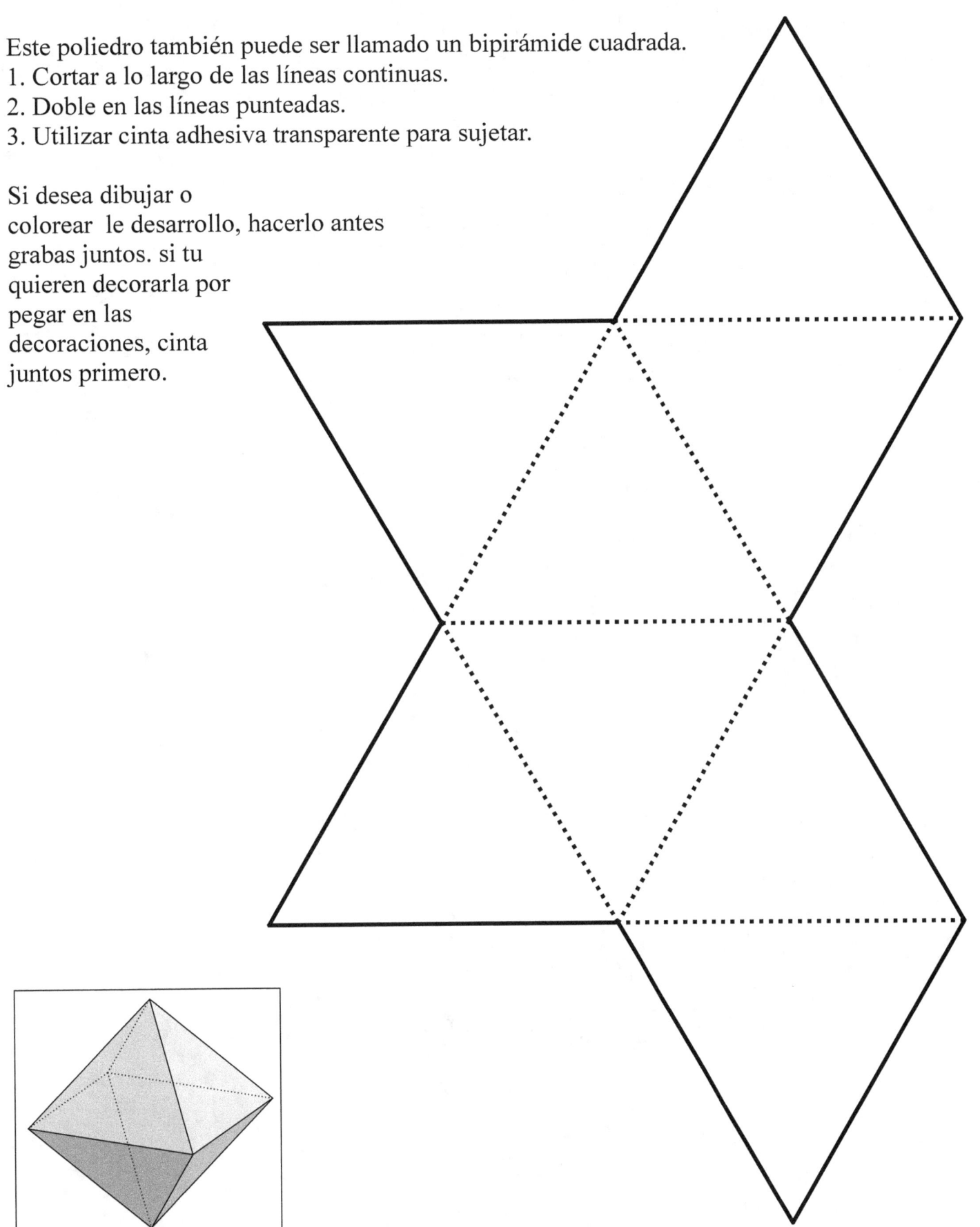

Desarrollos des poliedros por

Antiprisma Pentagonal

1. Cortar a lo largo de las líneas continuas.
2. Doble en las líneas punteadas.
3. Utilizar cinta adhesiva transparente para sujetar.

Si desea dibujar o colorear le desarrollo, hacerlo antes grabas juntos. si tu quieren decorarla por pegar en las decoraciones, cinta juntos primero.

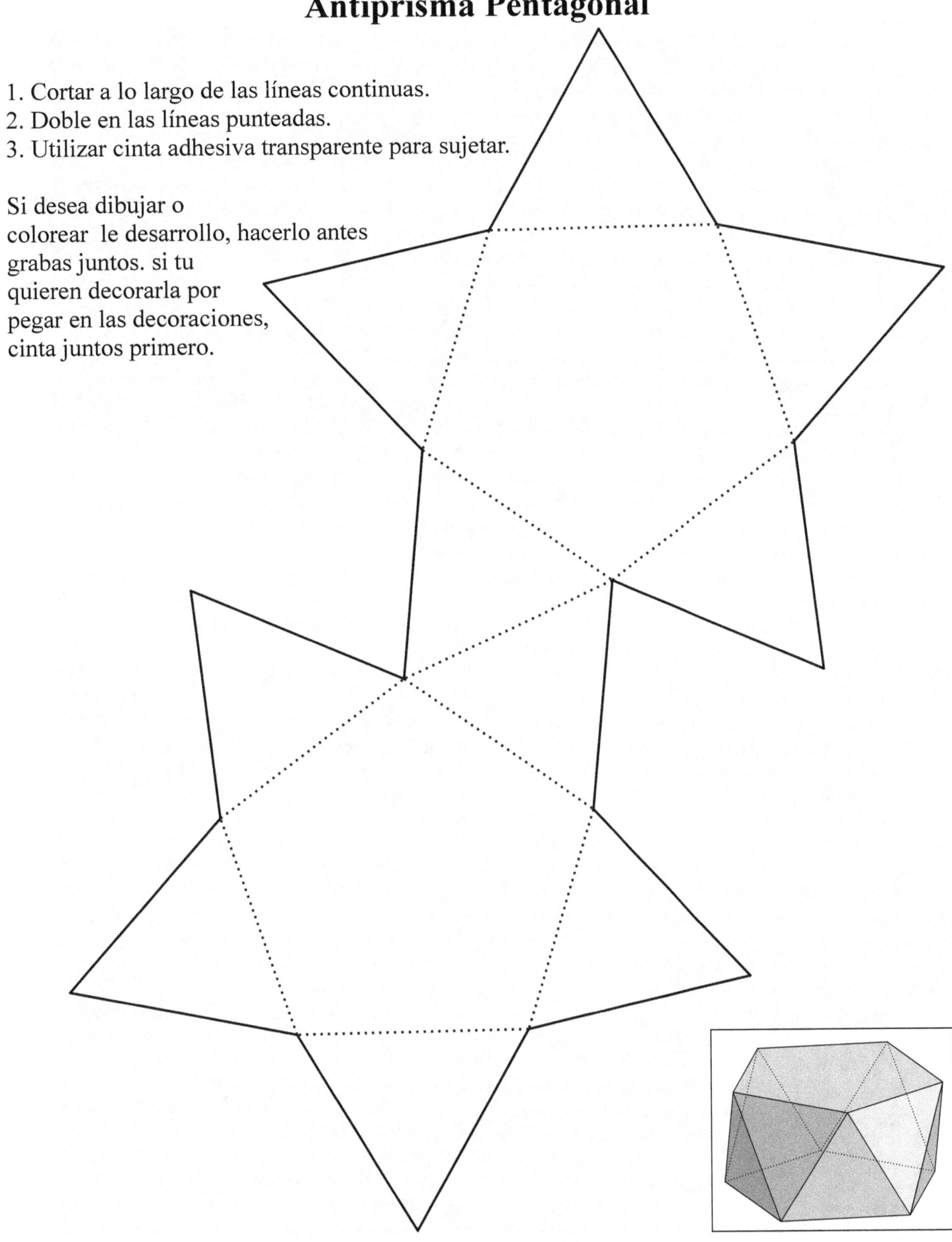

Desarrollos des poliedros por

Cúpula pentagonal

1. Cortar a lo largo de las líneas continuas.
2. Doble en las líneas punteadas.
3. Utilizar cinta adhesiva transparente para sujetar.

Si desea dibujar o colorear le desarrollo, hacerlo antes grabas juntos. si tu quieren decorarla por pegar en las decoraciones, cinta juntos primero.

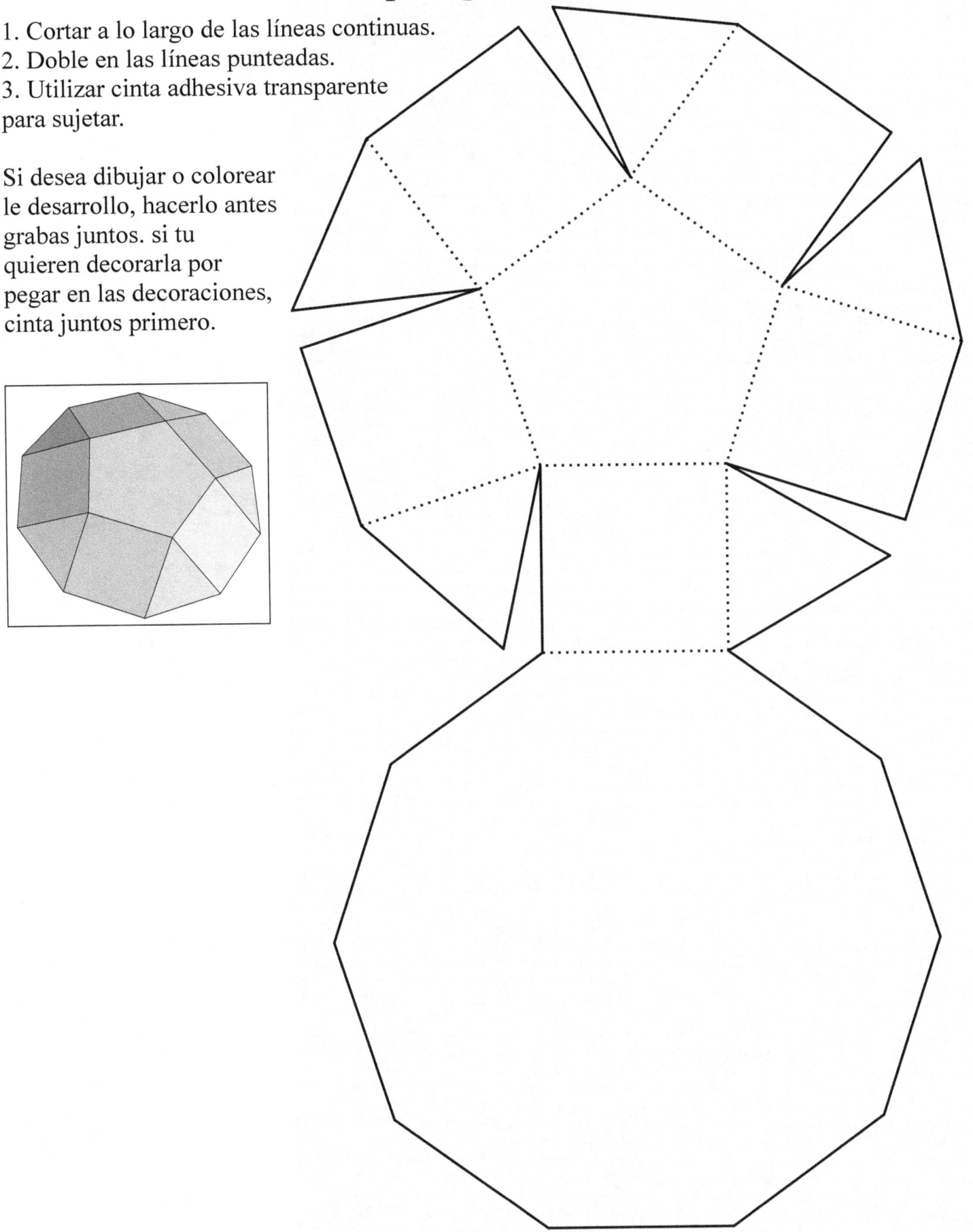

Desarrollos des poliedros por

Derechos de Autor 2015 puede ser copiado solamente para uso educativo incidental, no comercial. Ver nota de copyright para más información.

Bipirámide pentagonal

1. Cortar a lo largo de las líneas continuas.
2. Doble en las líneas punteadas.
3. Utilizar cinta adhesiva transparente para sujetar.

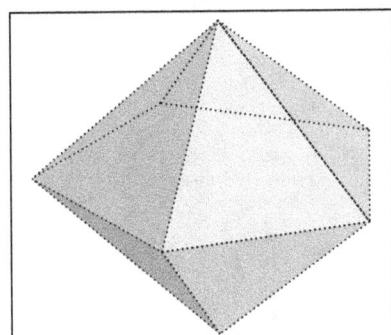

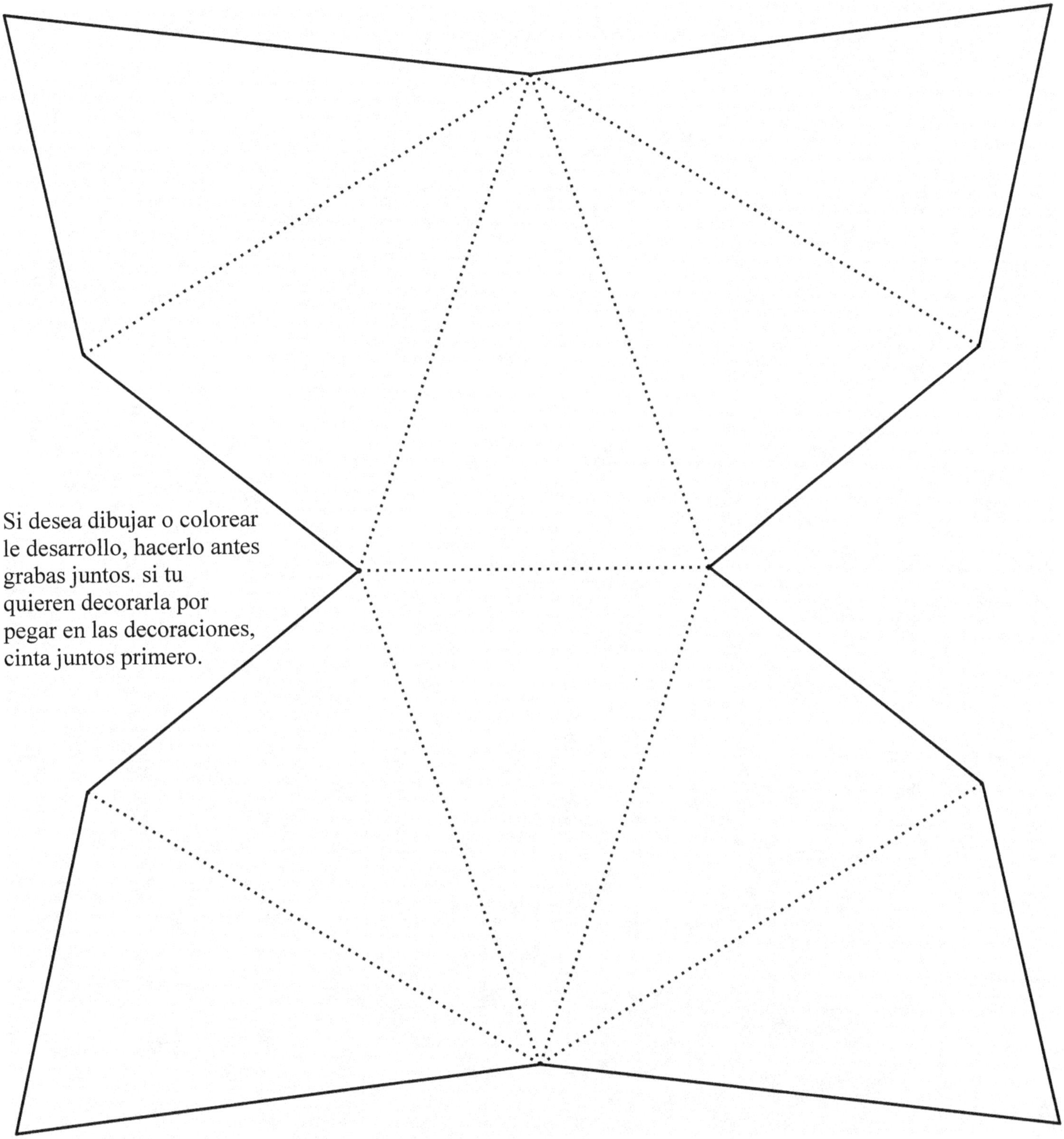

Si desea dibujar o colorear le desarrollo, hacerlo antes grabas juntos. si tu quieren decorarla por pegar en las decoraciones, cinta juntos primero.

Desarrollos des poliedros por

Derechos de Autor 2015 puede ser copiado solamente para uso educativo incidental, no comercial. Ver nota de copyright para más información.

Prisma pentagonal

1. Cortar a lo largo de las líneas continuas.
2. Doble en las líneas punteadas.
3. Utilizar cinta adhesiva transparente para sujetar

Si desea dibujar o colorear le desarrollo, hacerlo antes grabas juntos. si tu quieren decorarla por pegar en las decoraciones, cinta juntos primero.

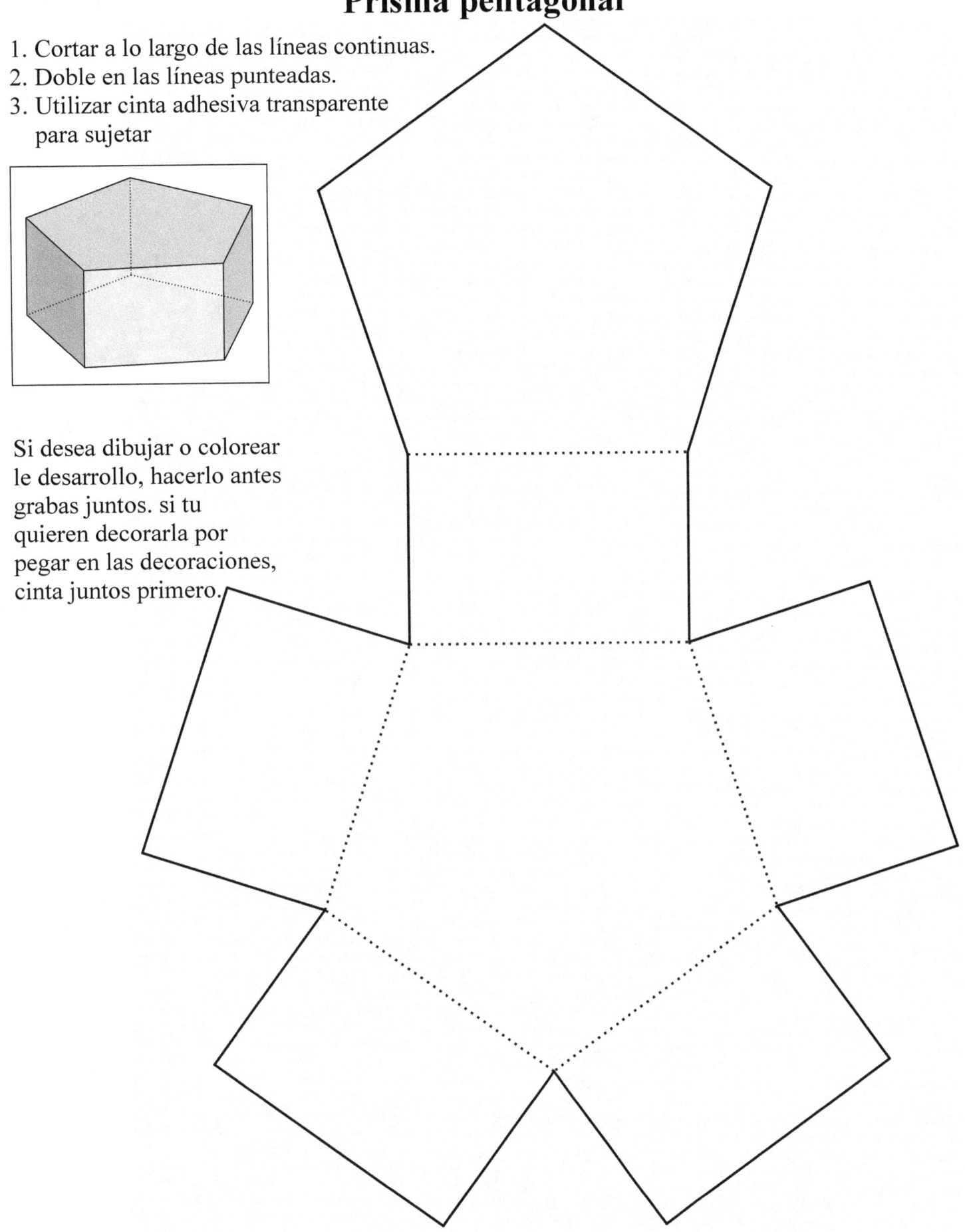

Desarrollos des poliedros por

Pirámide pentagonal

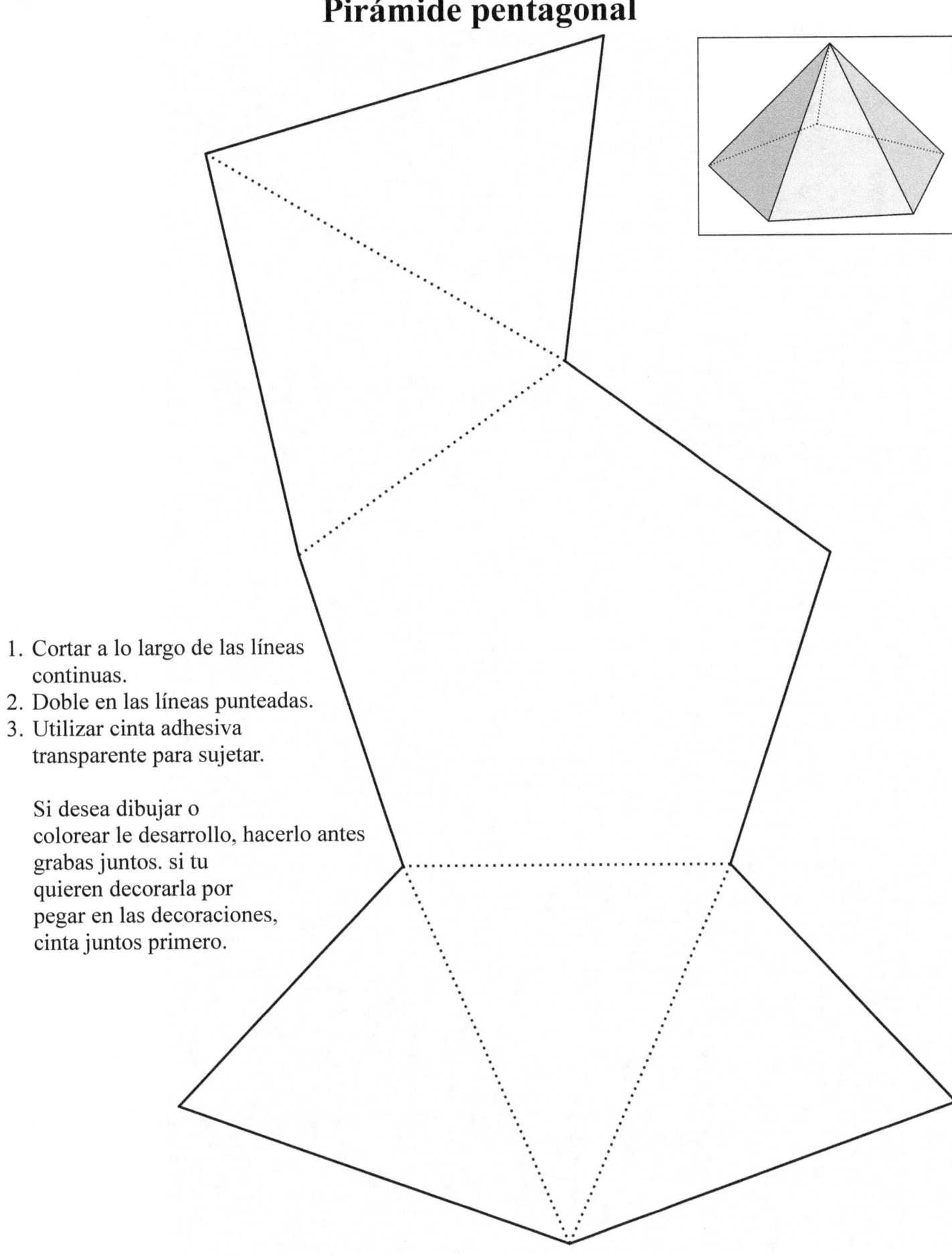

1. Cortar a lo largo de las líneas continuas.
2. Doble en las líneas punteadas.
3. Utilizar cinta adhesiva transparente para sujetar.

Si desea dibujar o colorear le desarrollo, hacerlo antes grabas juntos. si tu quieren decorarla por pegar en las decoraciones, cinta juntos primero.

Desarrollos des poliedros por

Rotonda pentagonal

1. Cortar a lo largo de las líneas continuas.
2. Doble en las líneas punteadas.
3. Utilizar cinta adhesiva transparente para sujetar.

Si desea dibujar o colorear le desarrollo, hacerlo antes grabas juntos. si tu quieren decorarla por pegar en las decoraciones, cinta juntos primero.

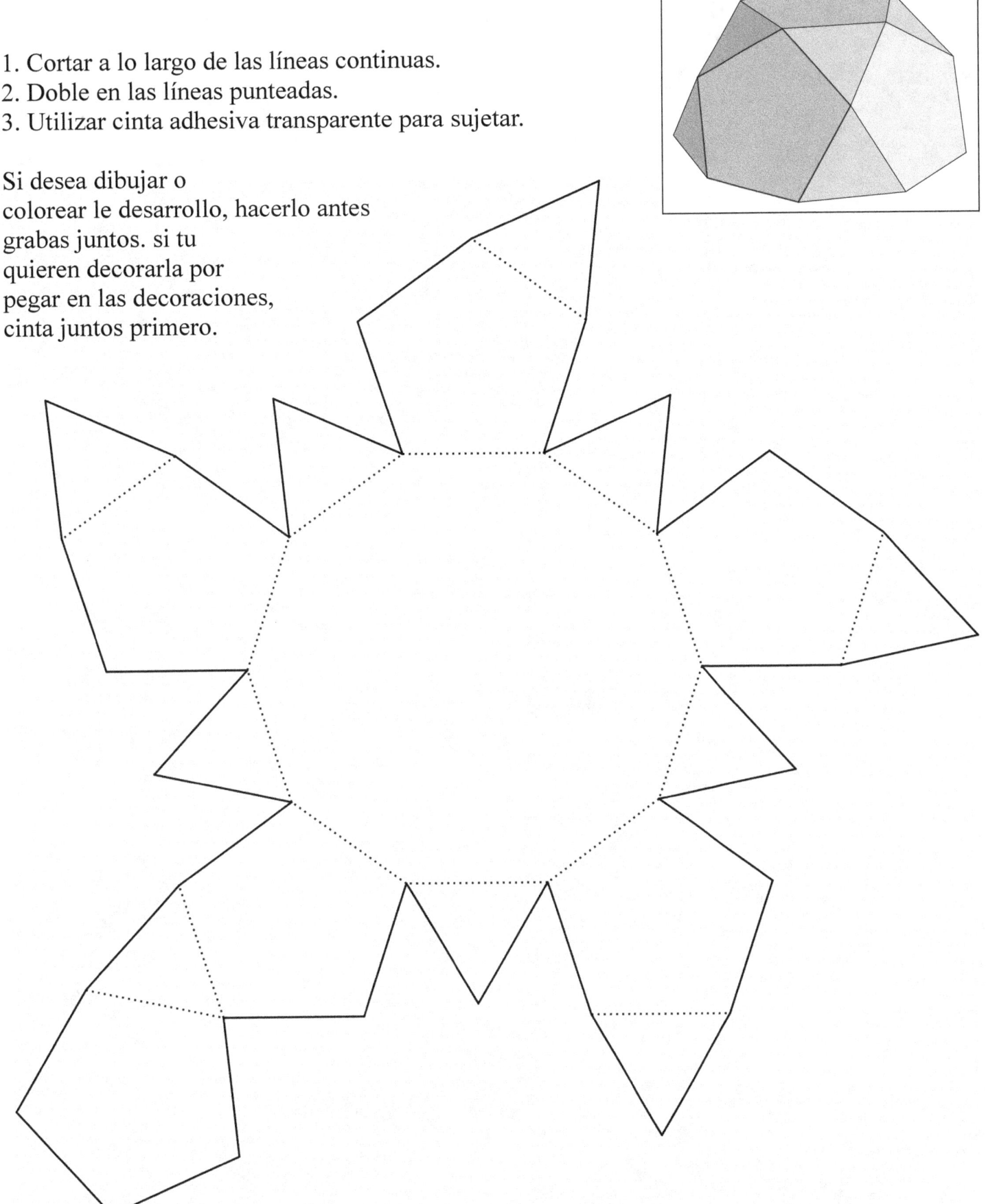

Desarrollos des poliedros por

Prisma pentagramma

1. Cortar a lo largo de las líneas continuas.
2. Doble en las líneas punteadas.
3. Utilizar cinta adhesiva transparente para sujetar.

Si desea dibujar o colorear le desarrollo, hacerlo antes grabas juntos. si tu quieren decorarla por pegar en las decoraciones, cinta juntos primero.

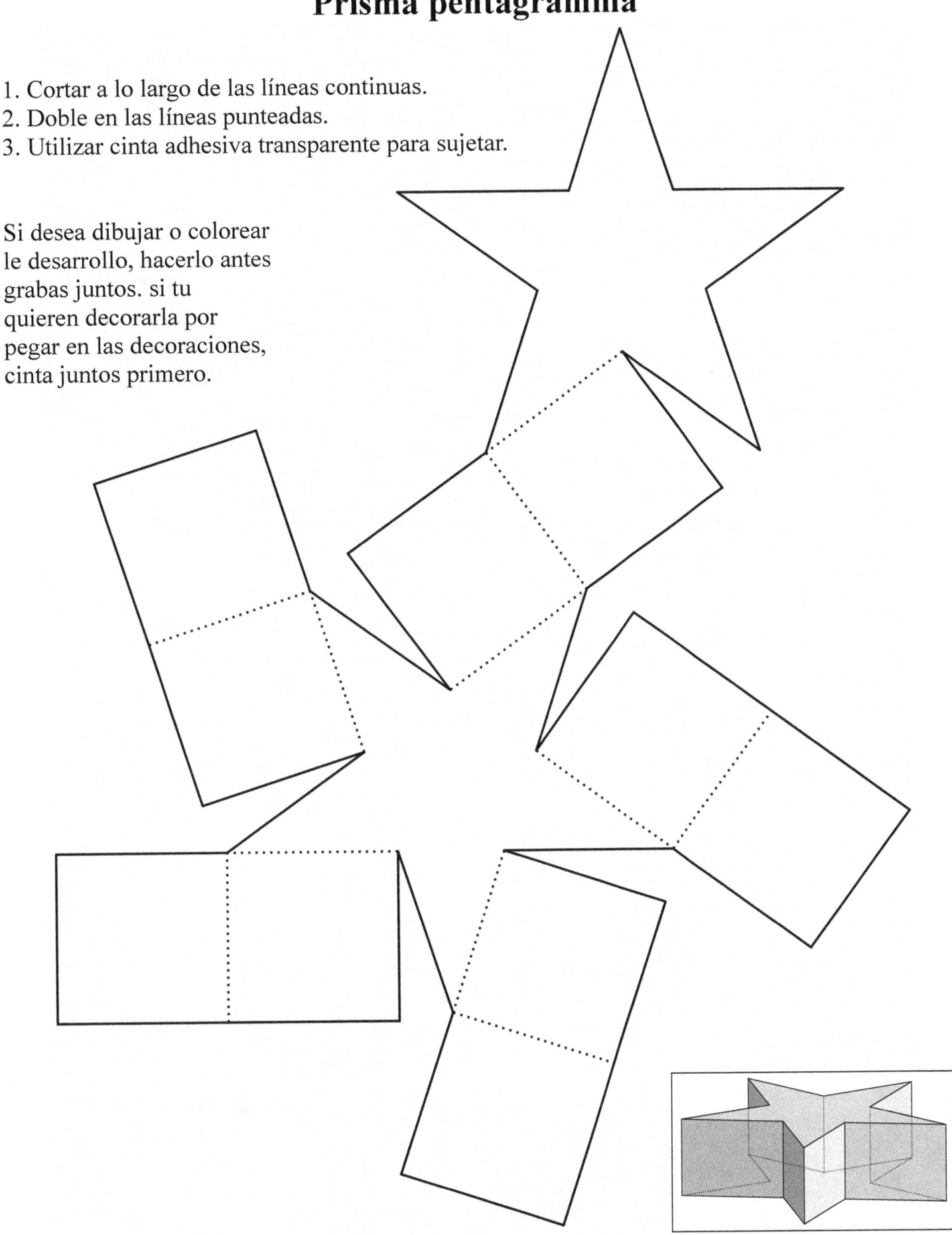

Desarrollos des poliedros por

Pirámide rectangular

1. Cortar a lo largo de las líneas continuas.
2. Doble en las líneas punteadas.
3. Utilizar cinta adhesiva transparente para sujetar.

Si desea dibujar o colorear le desarrollo, hacerlo antes grabas juntos. si tu quieren decorarla por pegar en las decoraciones, cinta juntos primero.

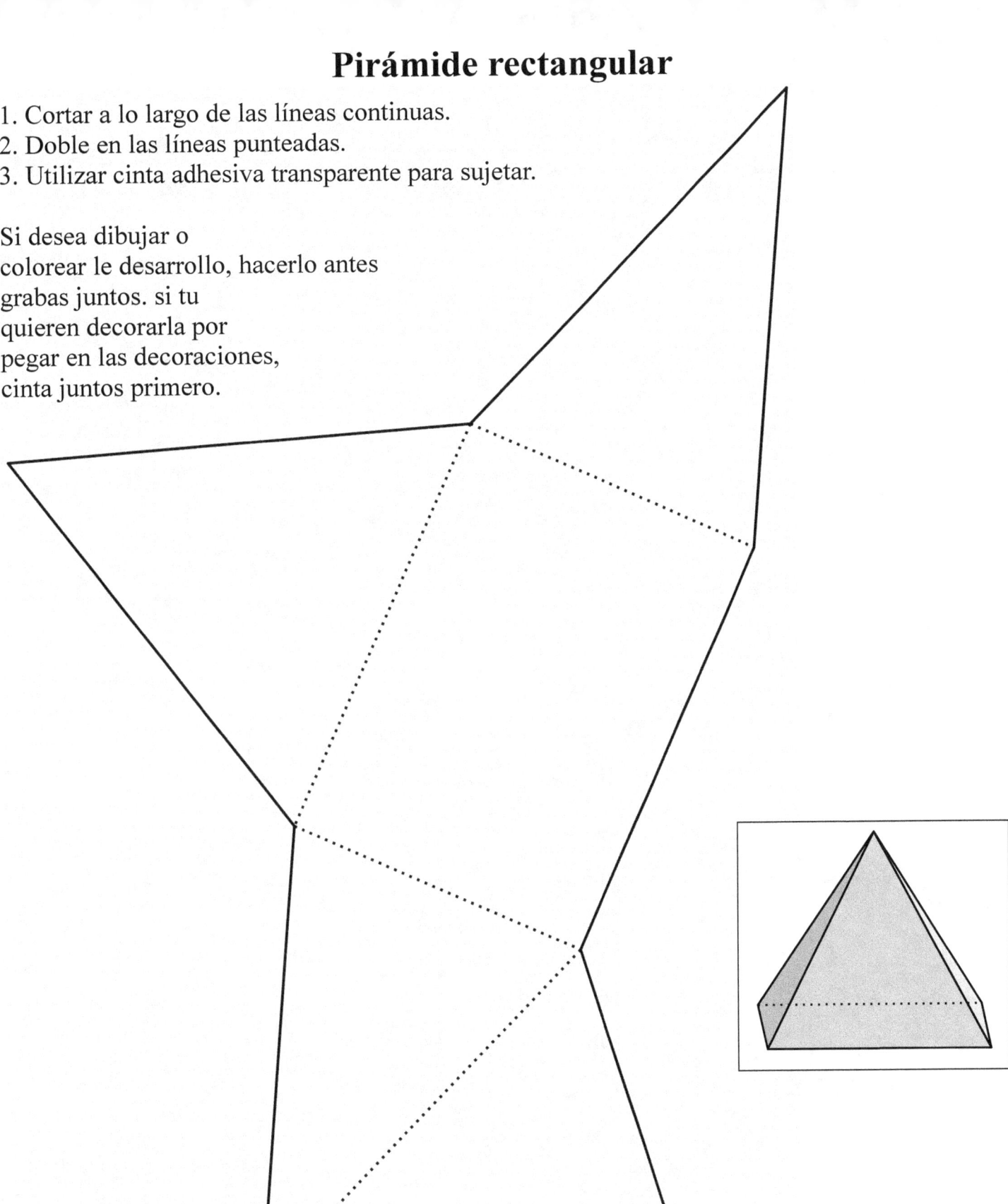

Desarrollos des poliedros por

Prisma rómbico

1. Cortar a lo largo de las líneas continuas.
2. Doble en las líneas punteadas.
3. Utilizar cinta adhesiva transparente para sujetar.

Si desea dibujar o colorear le desarrollo, hacerlo antes grabas juntos. si tu quieren decorarla por pegar en las decoraciones, cinta juntos primero.

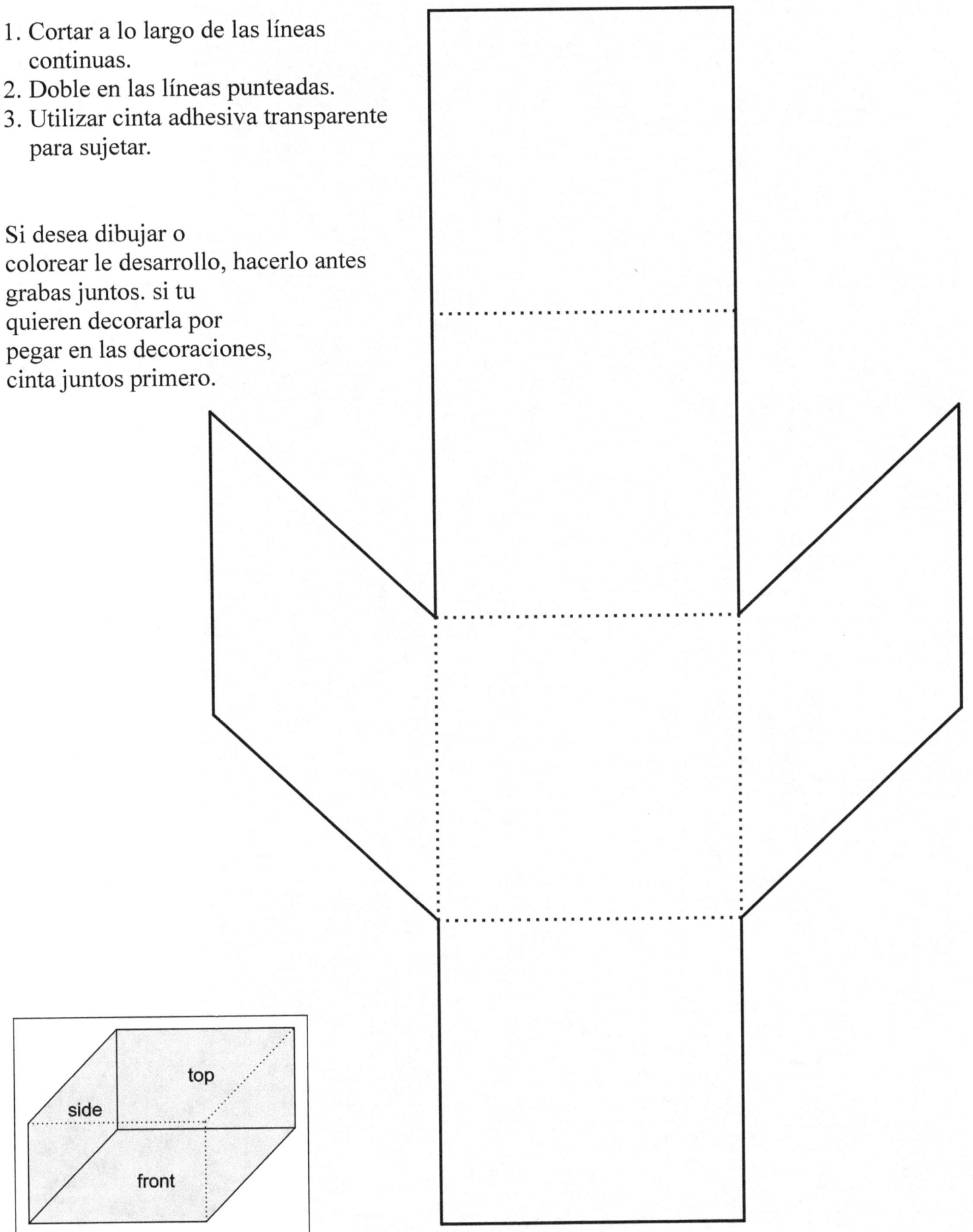

Desarrollos des poliedros por

Rombicuboctaedro

1. Cortar a lo largo de las líneas continuas.
2. Doble en las líneas punteadas.
3. Utilizar cinta adhesiva transparente para sujetar.

Si desea dibujar o colorear le desarrollo, hacerlo antes grabas juntos. si tu quieren decorarla por pegar en las decoraciones, cinta juntos primero.

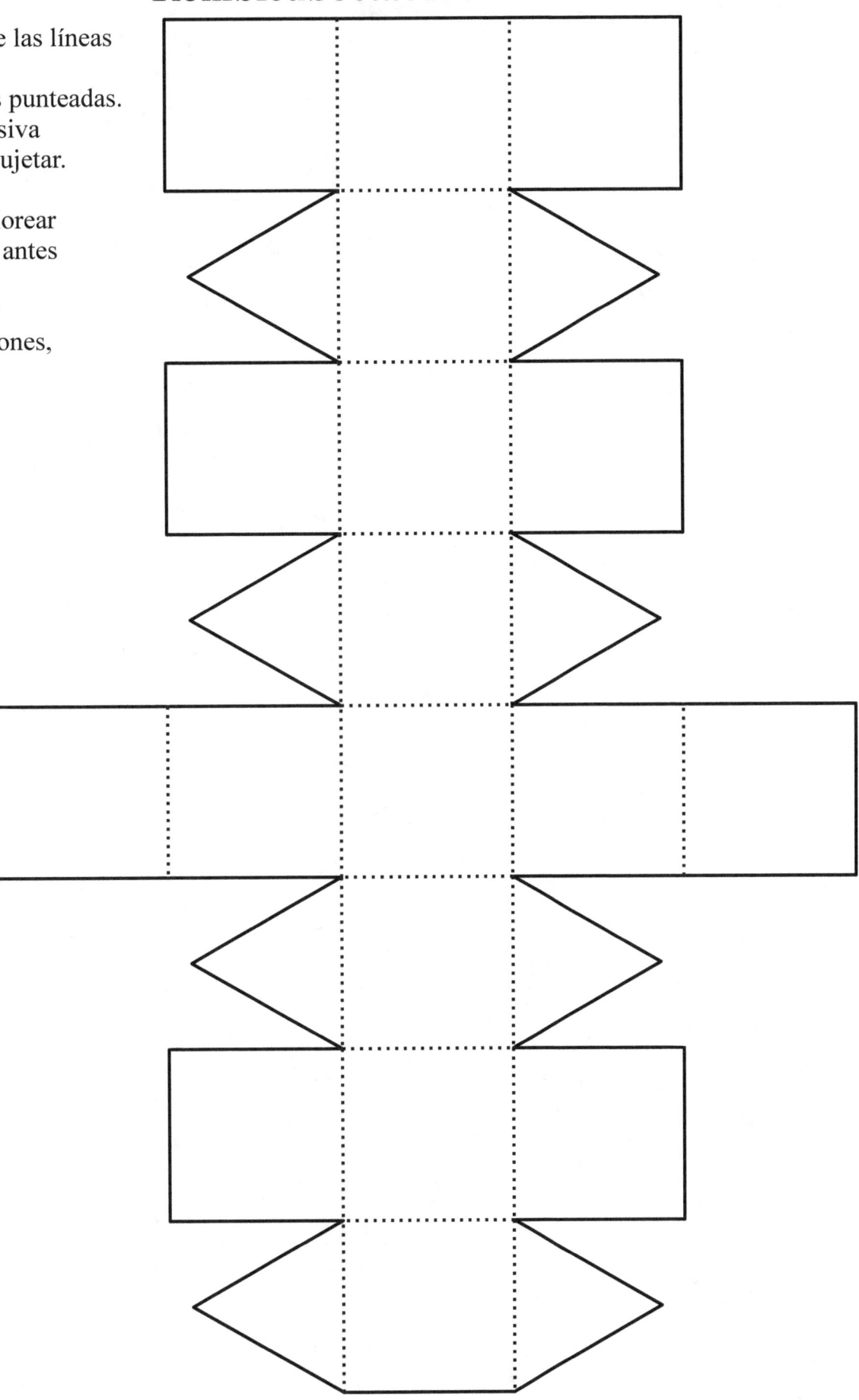

Desarrollos des poliedros por

Pequeño rhombidodecaedro

1. Cortar a lo largo de las líneas continuas.
2. Dobla las líneas de puntos.
3. Doble hacia atrás en el punteada y líneas de puntos.
4. Utilizar cinta adhesiva transparente para sujetar.

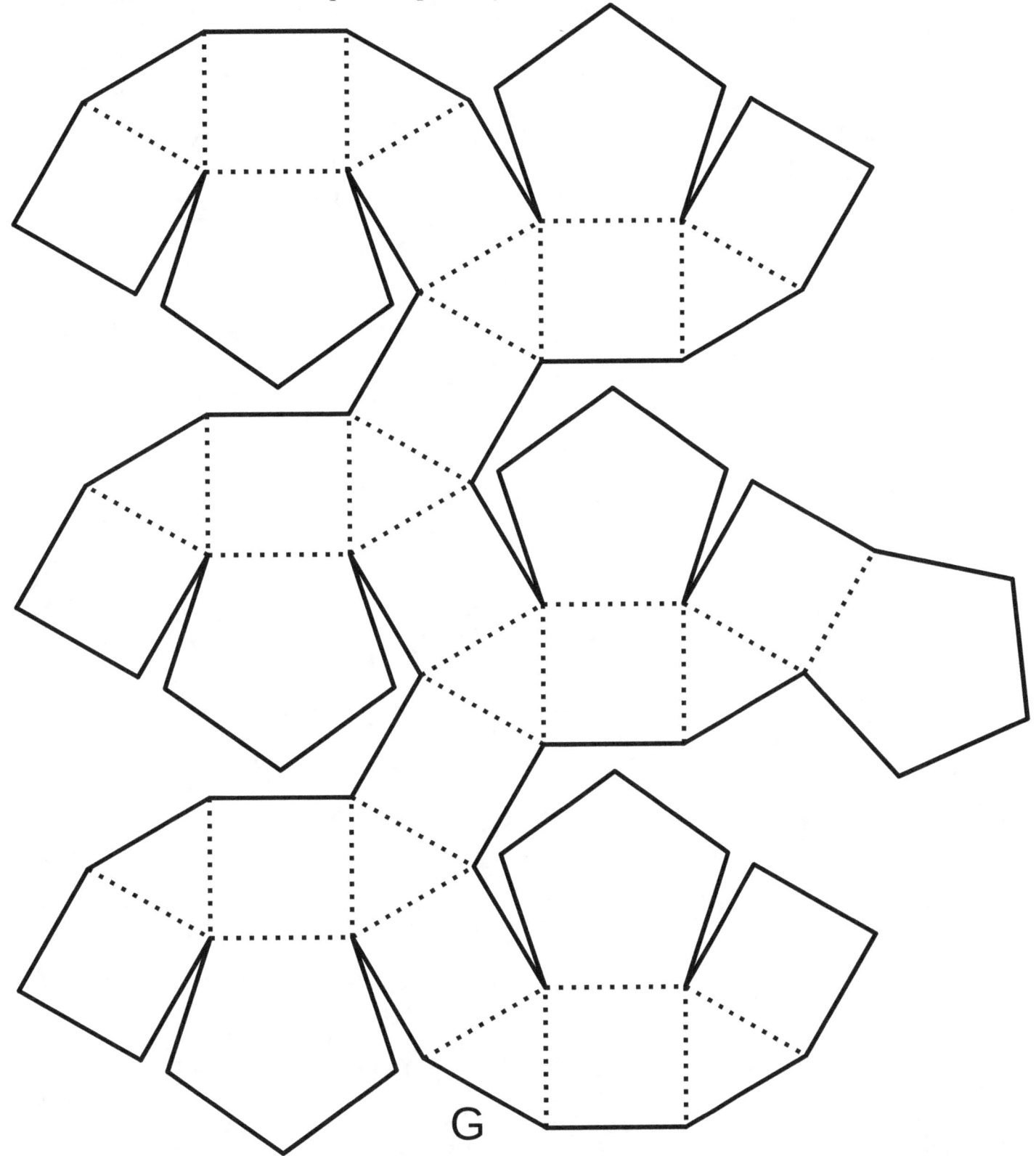

Desarrollos des poliedros por

Si desea dibujar o colorear le desarrollo, hacerlo antes grabas juntos.
Si quieres decorar pegando en decoraciones, cinta juntos primero.

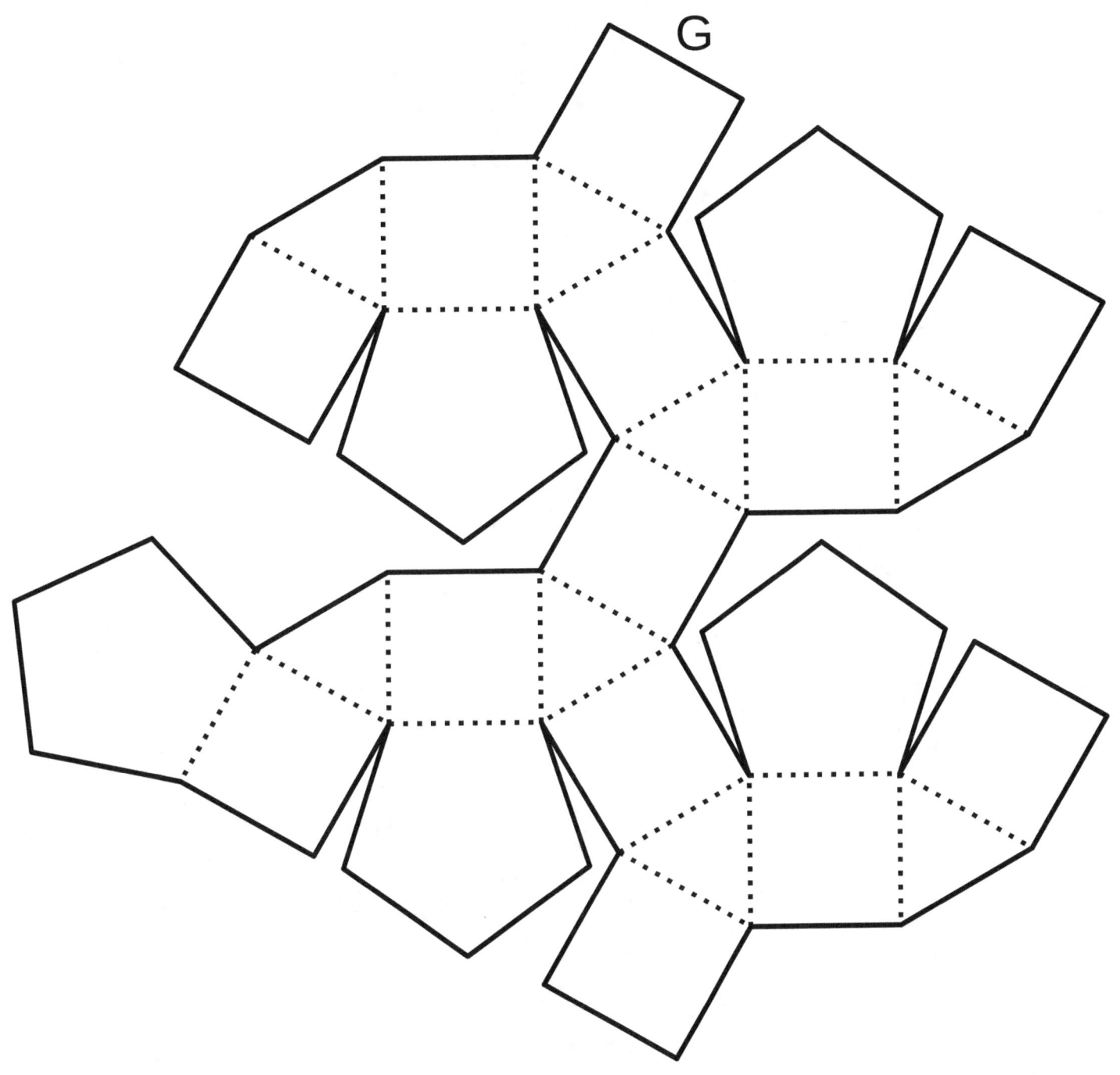

Desarrollos des poliedros por

Dodecaedro estrellado Pequeño

1. Esta es un desarrollos dos partes. Copie esta página y la siguiente.
2. Recorta las dos formas a lo largo de las líneas continuas.
3. Tape las dos formas juntas a el segmento de línea marcada "A".
4. Fold en líneas de puntos.
5. Doble revés en las líneas discontinuas.
6. Utilizar cinta adhesiva transparente para sujetar.

Si desea dibujar o colorear le desarrollo, hacerlo antes grabas juntos. si tu quieren decorarla por pegar en las decoraciones, cinta juntos primero.

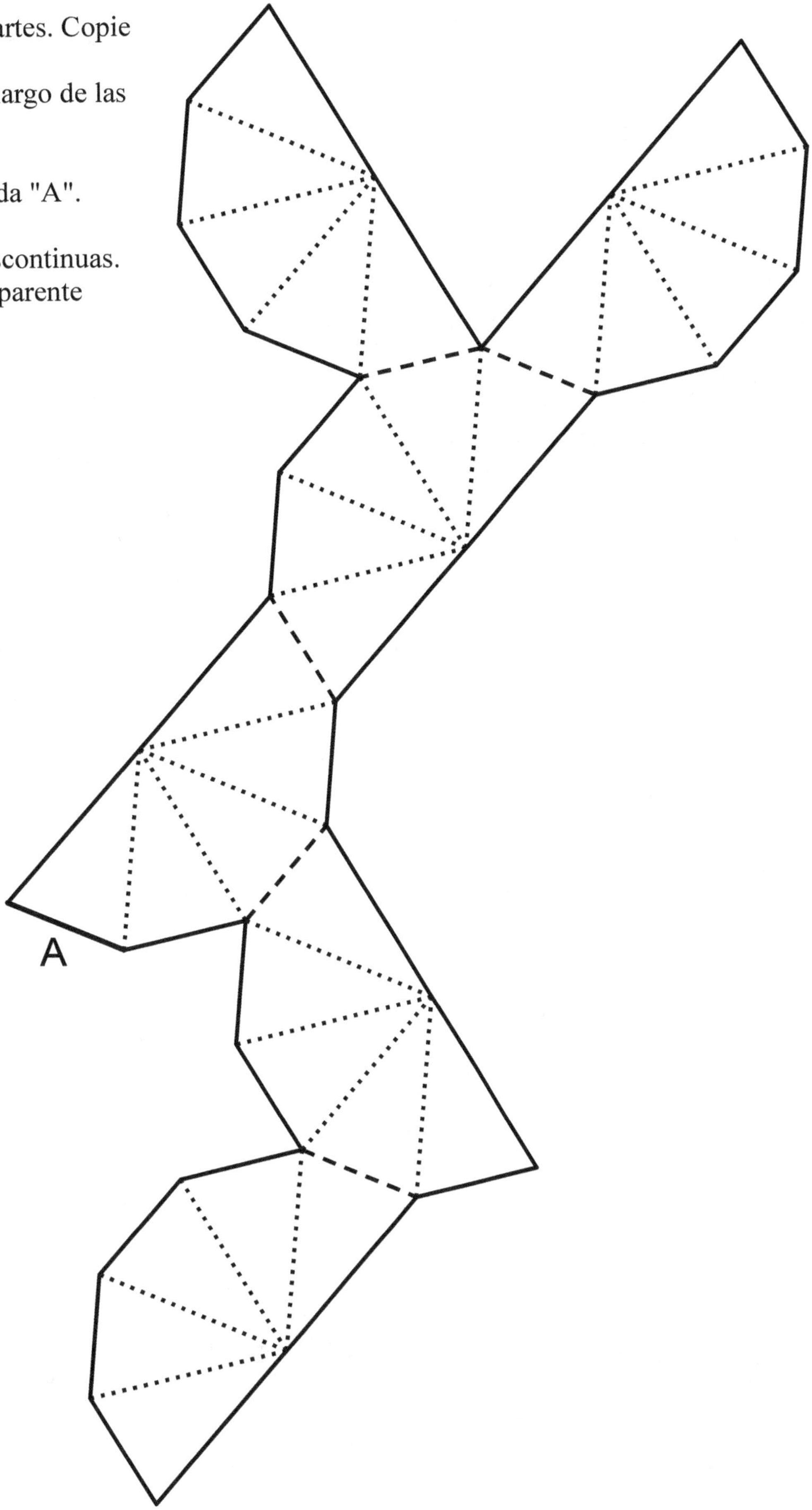

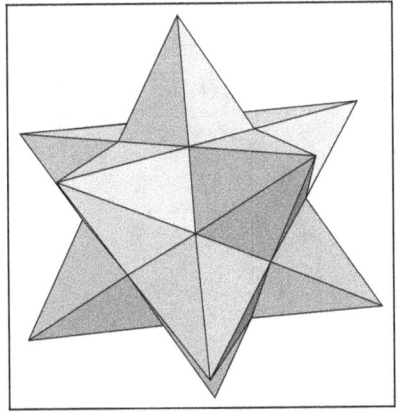

Desarrollos des poliedros por

Derechos de Autor 2015 puede ser copiado solamente para uso educativo incidental, no comercial. Ver nota de copyright para más información.

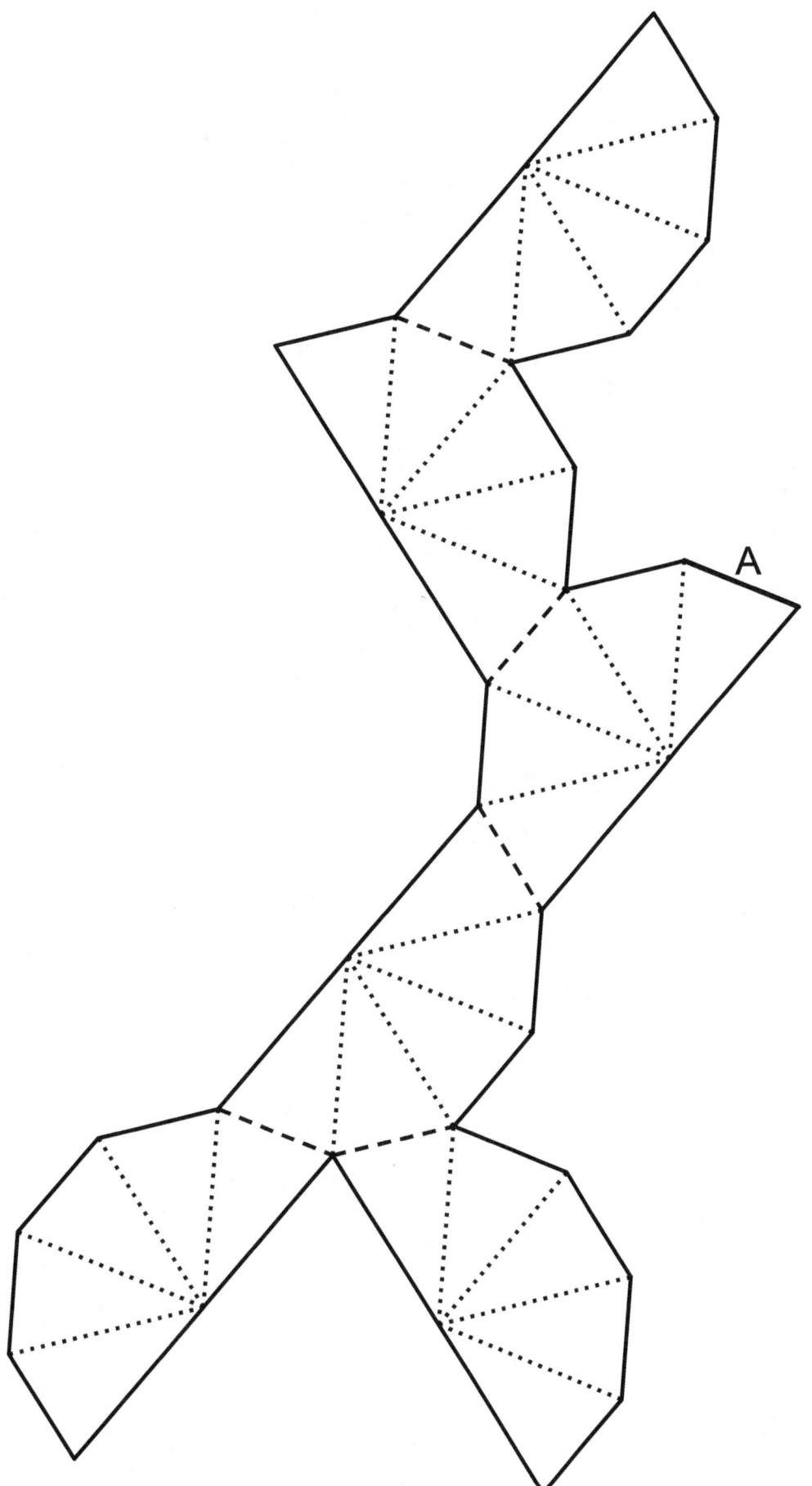

Desarrollos des poliedros por

Cubo romo

1. Cortar a lo largo de las líneas continuas.
2. Doble en las líneas punteadas.
3. Utilizar cinta adhesiva transparente para sujetar.

Si desea dibujar o colorear le desarrollo, hacerlo antes cinta juntos. Si quieres decorar pegando adornos, cintas juntos primero.

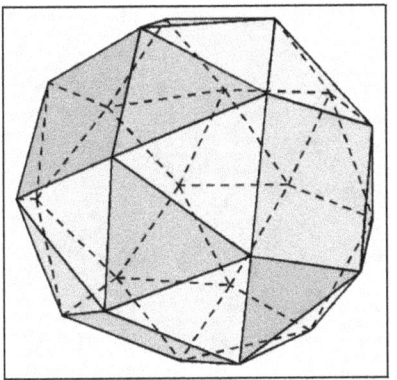

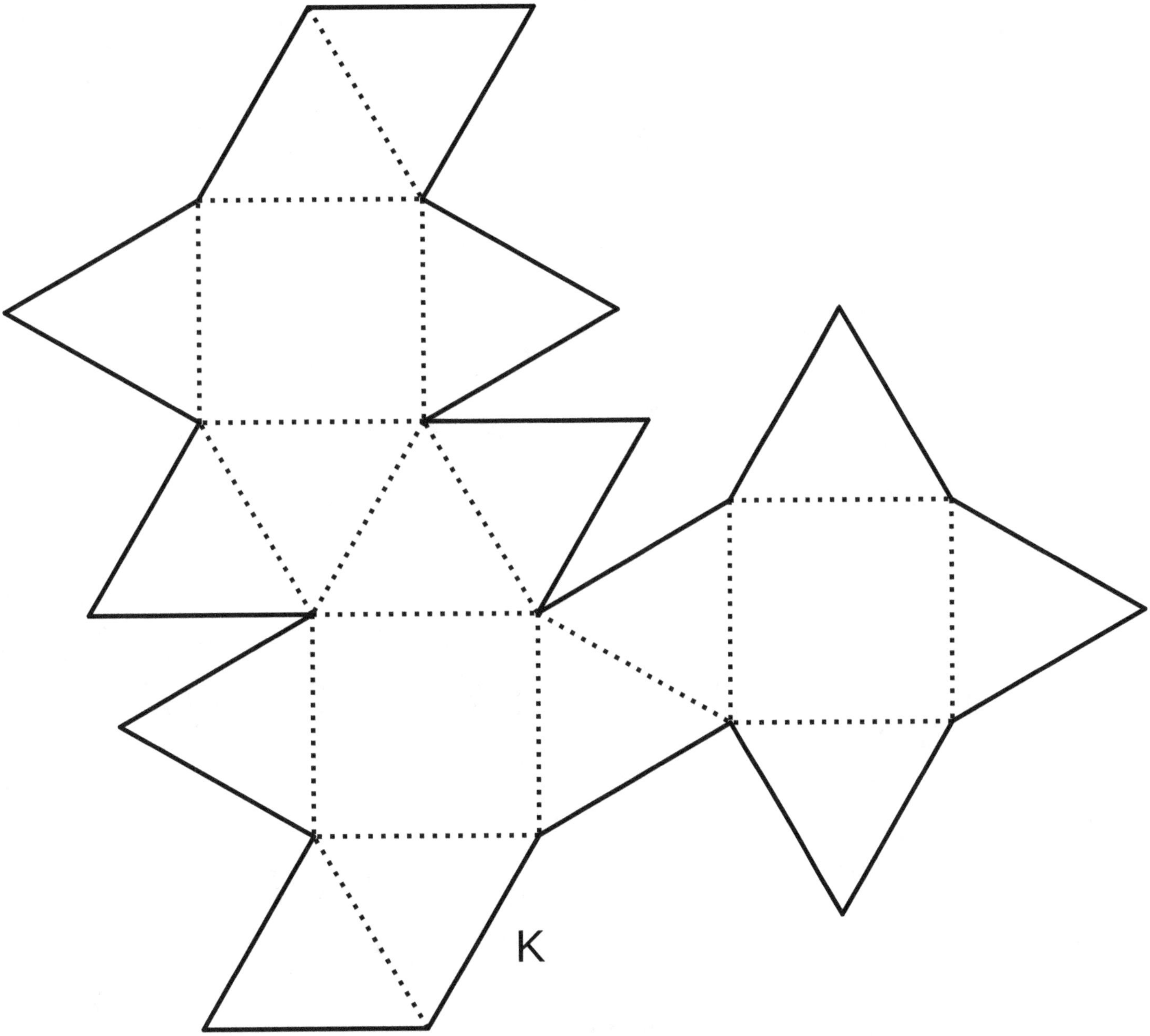

K

Desarrollos des poliedros por

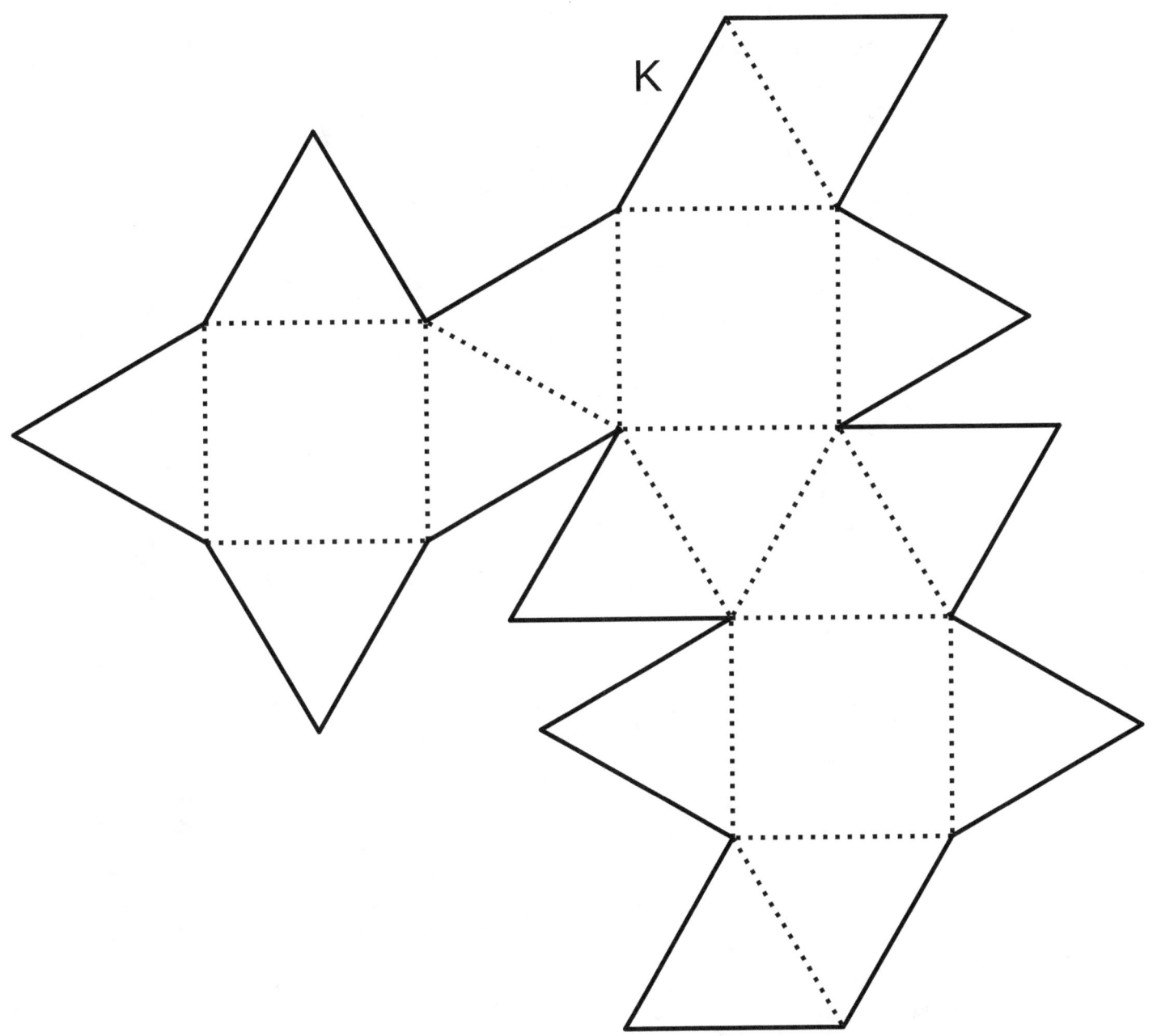

Desarrollos des poliedros por

Dodecaedro romo

1. Esta es un desarrollos dos partes. Copiar uno de esta página y uno de la siguiente.
2. Cortar a lo largo de las líneas continuas.
3. Coloque las dos piezas con cinta adhesiva transparente en el segmento etiquetado 'Z'.
4. Dobla las líneas de puntos.
5. Utilizar cinta adhesiva transparente para sujetar.

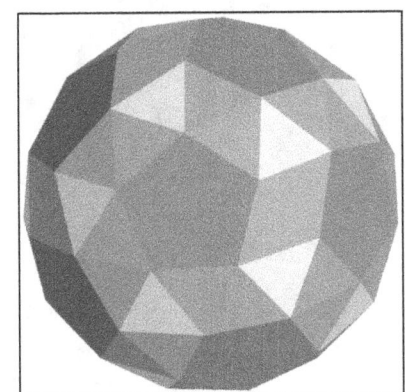

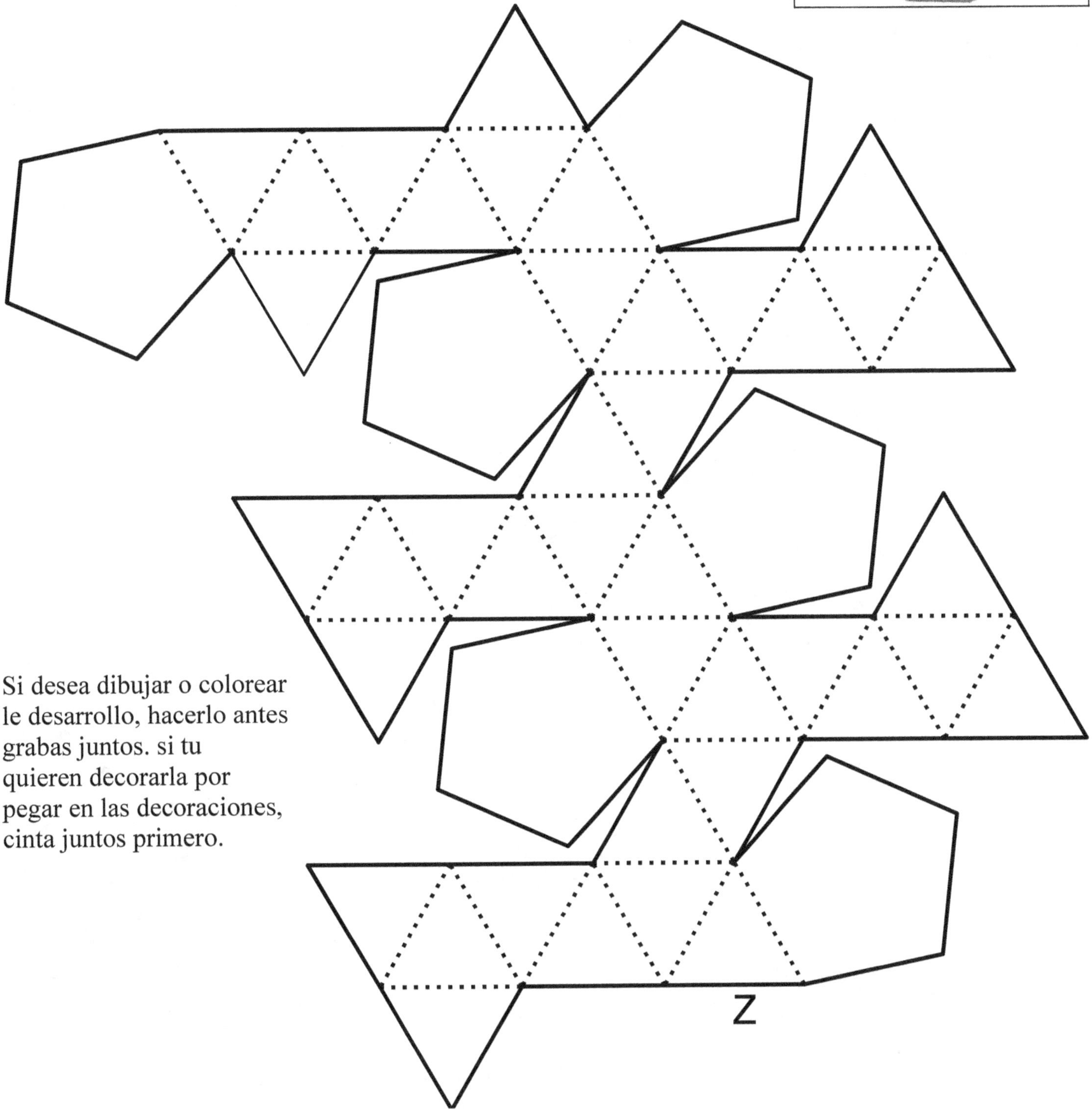

Si desea dibujar o colorear le desarrollo, hacerlo antes grabas juntos. si tu quieren decorarla por pegar en las decoraciones, cinta juntos primero.

Z

Desarrollos des poliedros por

Derechos de Autor 2015 puede ser copiado solamente para uso educativo incidental, no comercial. Ver nota de copyright para más información.

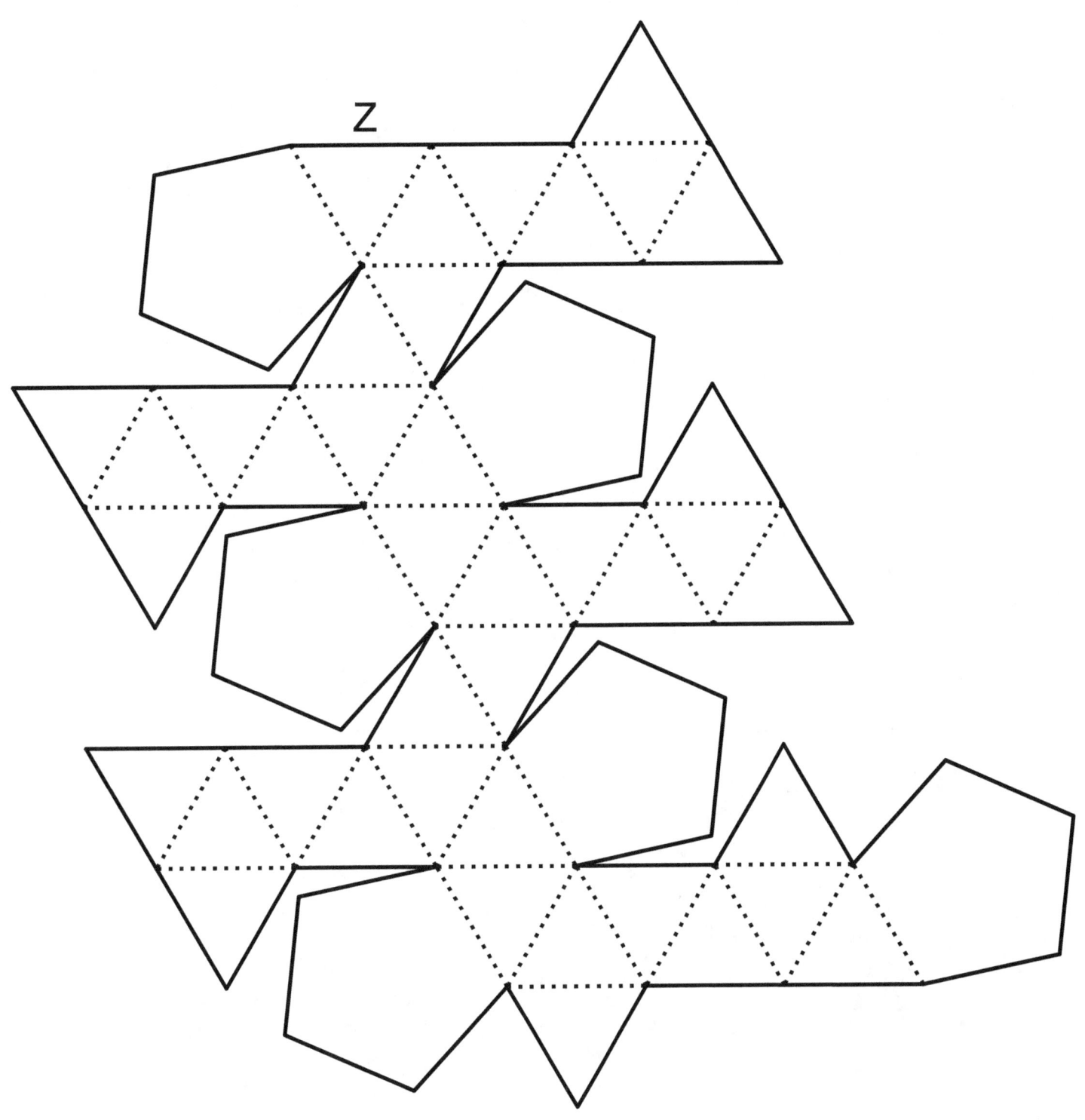

Antiprisma cuadrado

1. Cortar a lo largo de las líneas continuas.
2. Doble en las líneas punteadas.
3. Utilizar cinta adhesiva transparente para sujetar.

Si desea dibujar o colorear le desarrollo, hacerlo antes cinta juntos. Si quieres decorar pegando adornos, cintas juntos primero.

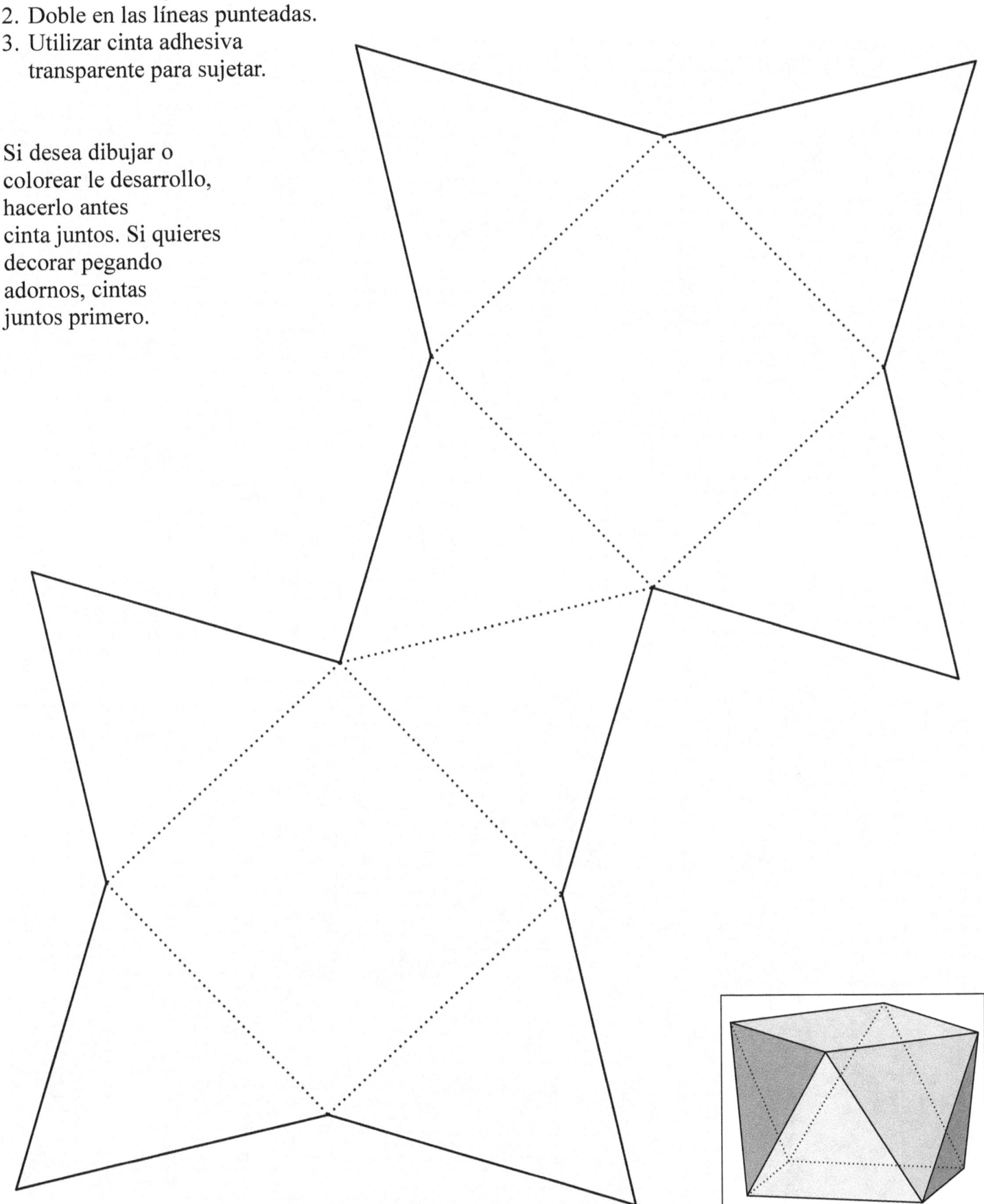

Desarrollos des poliedros por

Derechos de Autor 2015 puede ser copiado solamente para uso educativo incidental, no comercial. Ver nota de copyright para más información.

Cúpula cuadrada

1. Cortar a lo largo de las líneas continuas.
2. Doble en las líneas punteadas.
3. Utilizar cinta adhesiva transparente para sujetar.

Si desea dibujar o colorear le desarrollo, hacerlo antes cinta juntos. Si quieres decorar pegando adornos, cintas juntos primero.

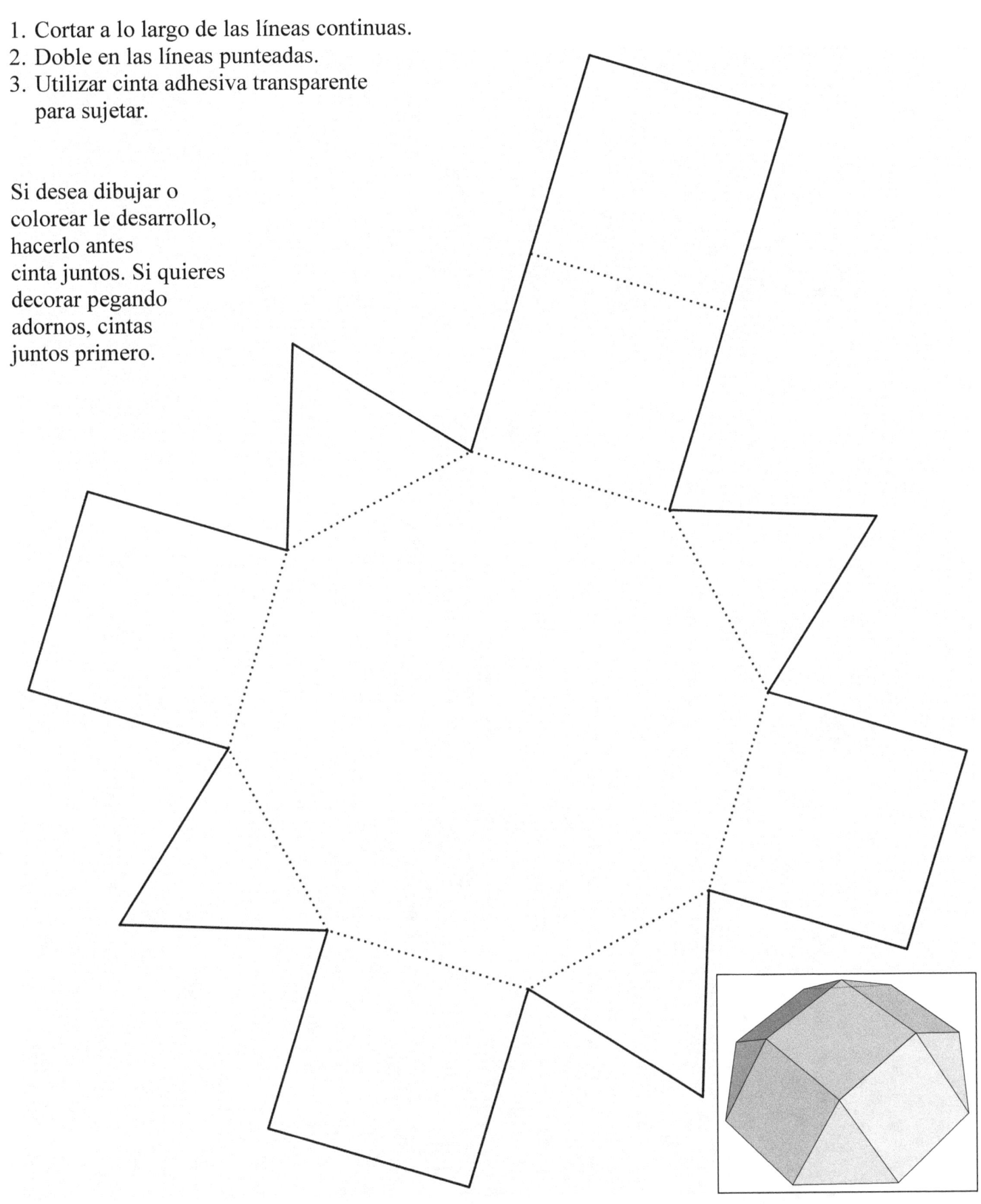

Desarrollos des poliedros por

Pirámide cuadrado

1. Cortar a lo largo de las líneas continuas.
2. Doble en las líneas punteadas.
3. Utilizar cinta adhesiva transparente para sujetar.

Si desea dibujar o colorear le desarrollo, hacerlo antes cinta juntos. Si quieres decorar pegando adornos, cintas juntos primero.

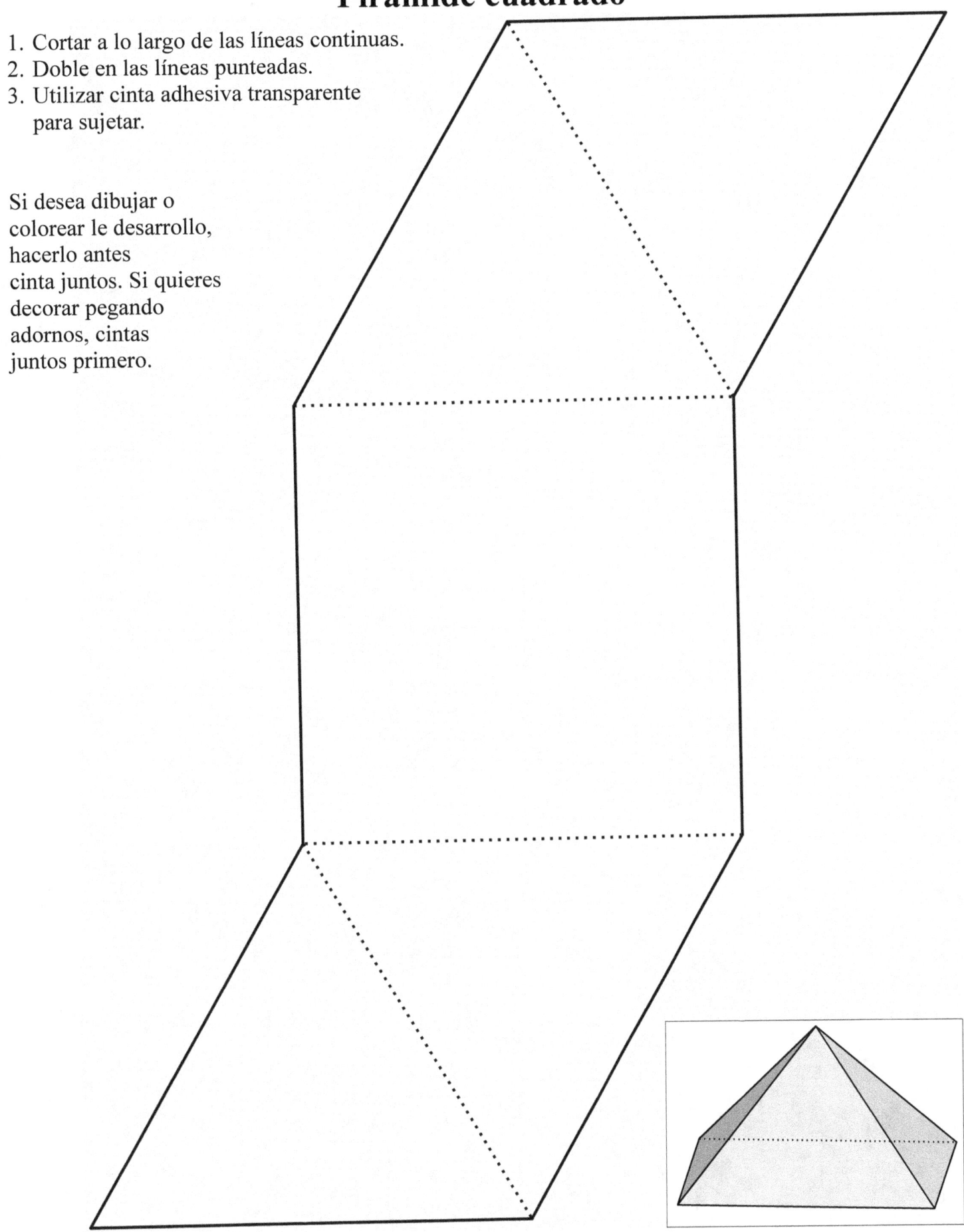

Desarrollos des poliedros por

Trapezoedro cuadrada

1. Cortar a lo largo de las líneas continuas.
2. Doble en las líneas punteadas.
3. Utilizar cinta adhesiva transparente para sujetar.

Si desea dibujar o colorear le desarrollo, hacerlo antes cinta juntos. Si quieres decorar pegando adornos, cintas juntos primero.

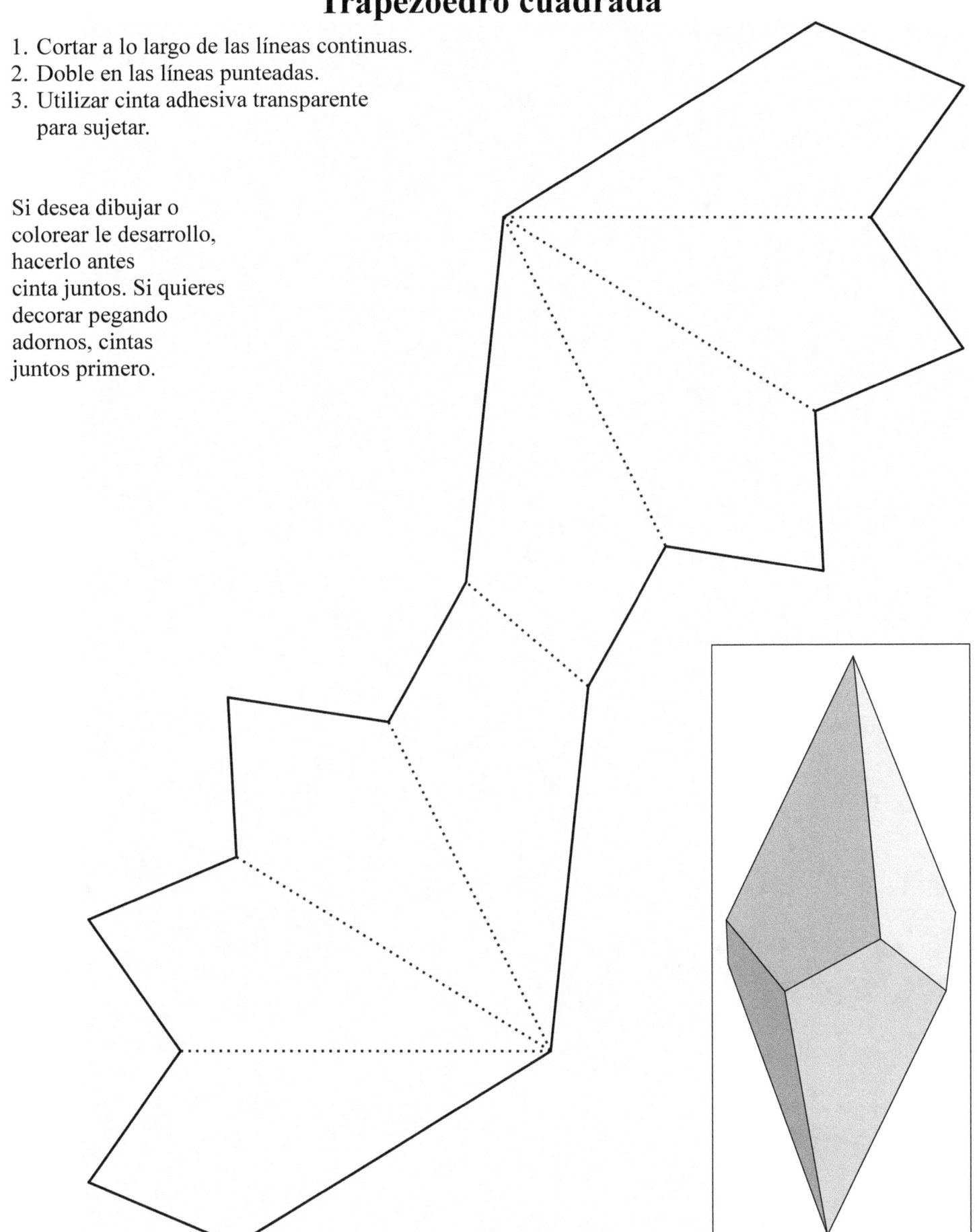

Desarrollos des poliedros por

Derechos de Autor 2015 puede ser copiado solamente para uso educativo incidental, no comercial. Ver nota de copyright para más información.

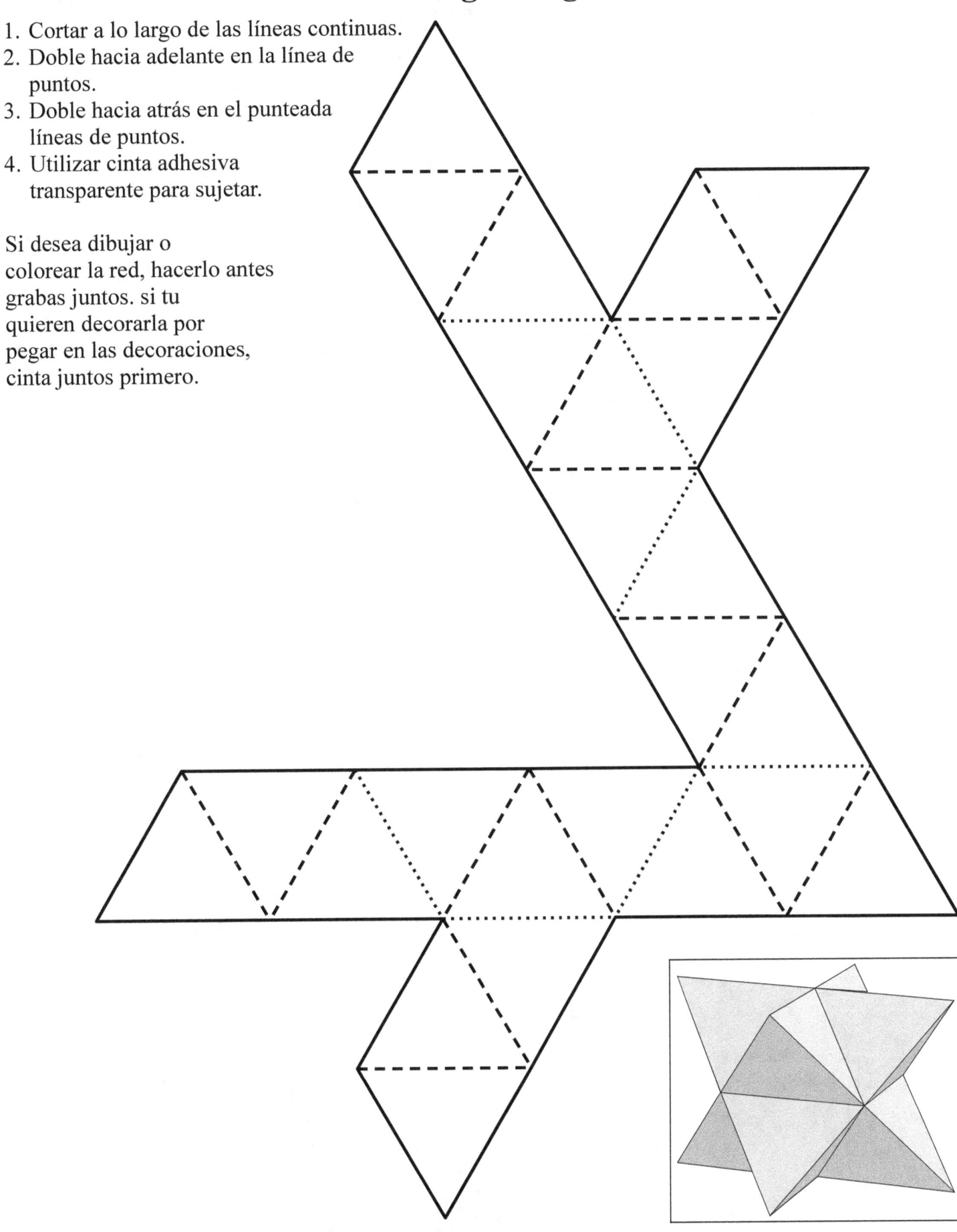

Tetraedro regular

1. Cortar a lo largo de las líneas continuas.
2. Doble en las líneas punteadas.
3. Utilizar cinta adhesiva transparente para sujetar.

Si desea dibujar o colorear la red, hacerlo antes de grabarlo juntos. Si quieres decorar pegando en decoraciones, cinta juntos primero.

Para obtener más información sobre Tetraedros, vaya a http://www.allmathwords.org/en/t/Tetraedro.html.

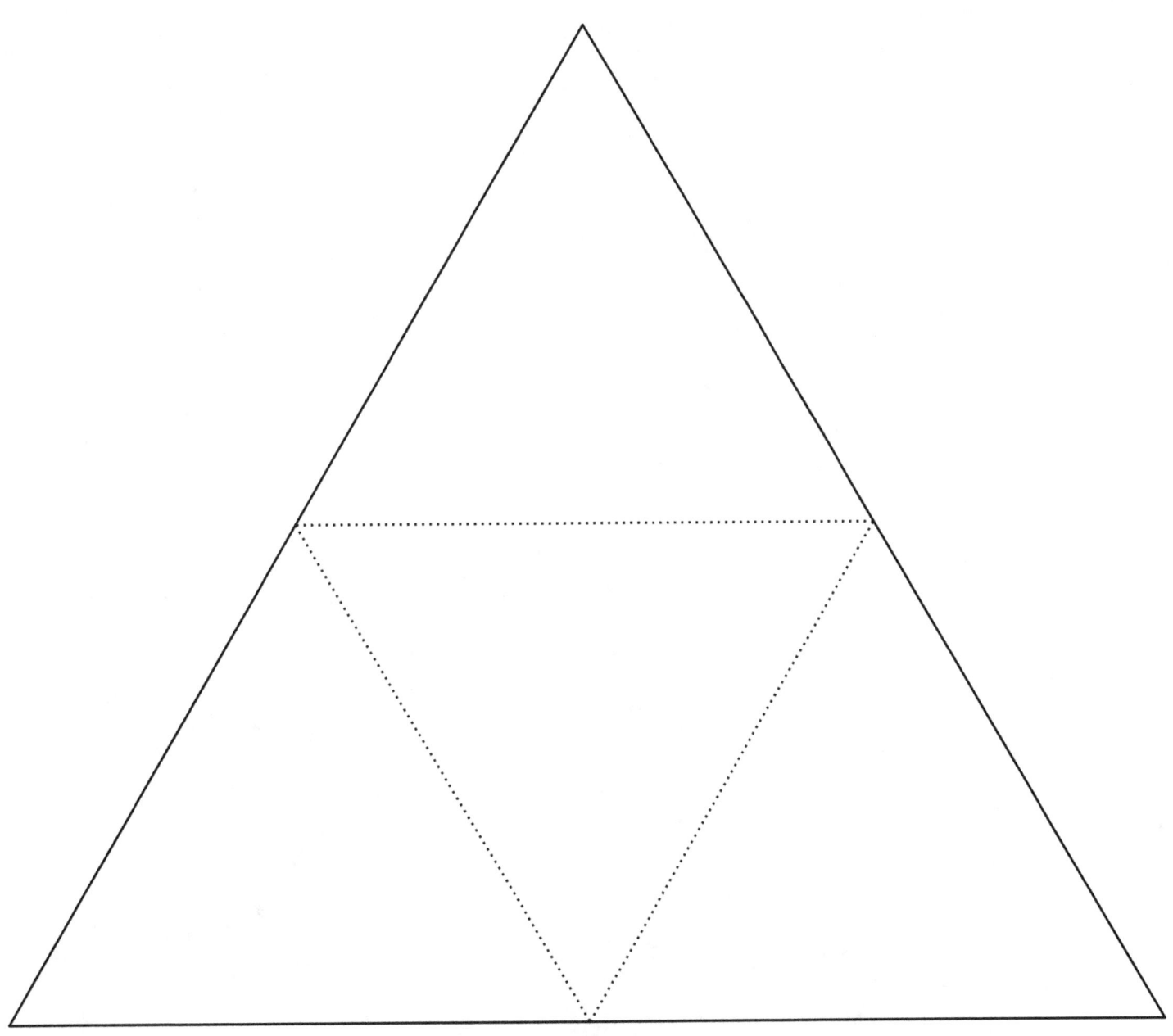

Tetraquishexaedro

Esta cifra también se llama un cubo tetraquis.

1. Cortar a lo largo de las líneas continuas.
2. Doble en las líneas punteadas.
3. Utilizar cinta adhesiva transparente para sujetar.

Si desea dibujar o colorear le desarrollo, hacerlo antes cinta juntos. Si quieres decorar pegando adornos, cintas juntos primero.

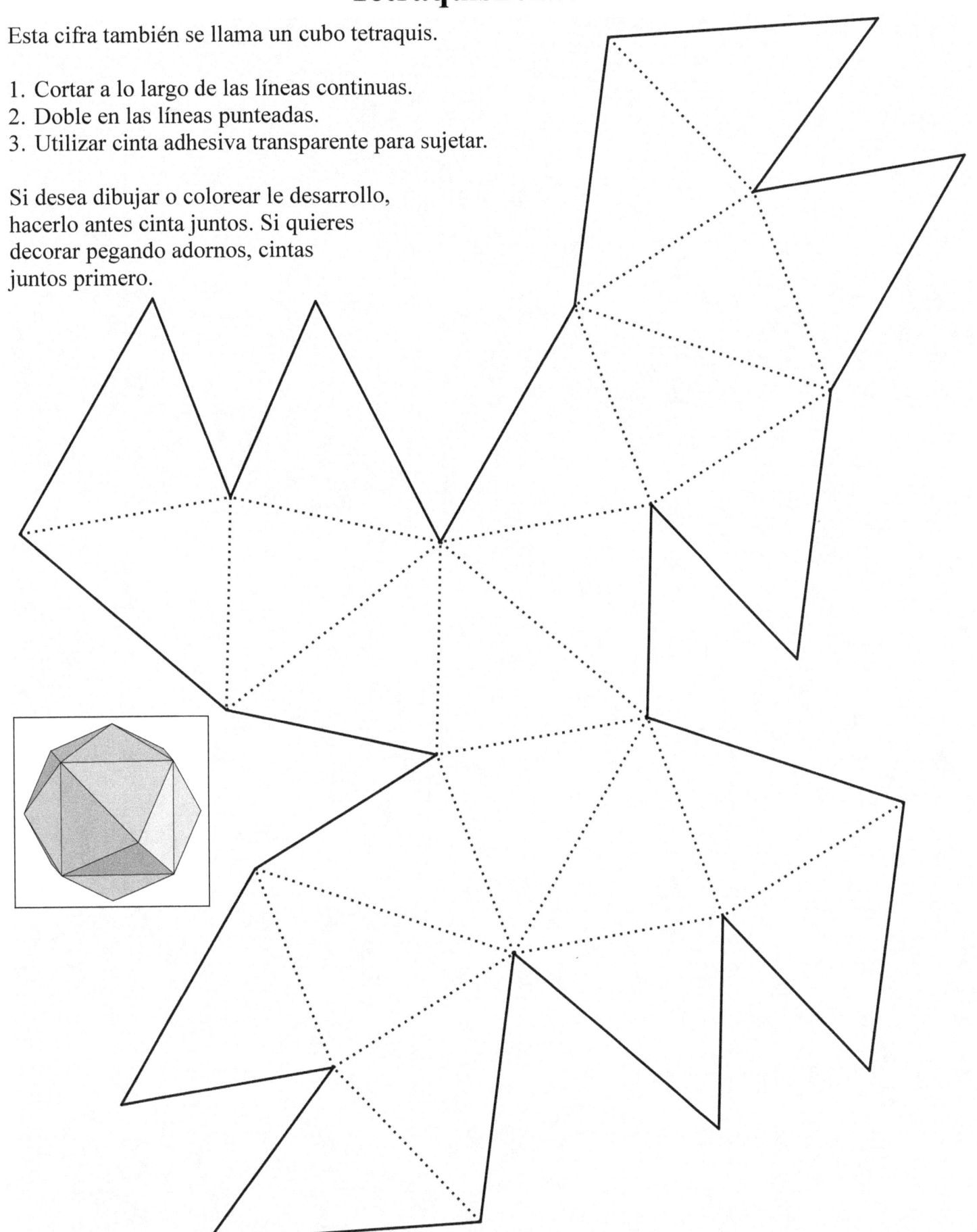

Desarrollos des poliedros por

Triaquisoctaedro

1. Cortar a lo largo de las líneas continuas.
2. Doble en las líneas punteadas.
3. Utilizar cinta adhesiva transparente para sujetar.

Si desea dibujar o colorear le desarrollo, hacerlo antes cinta juntos. Si quieres decorar pegando adornos, cintas juntos primero.

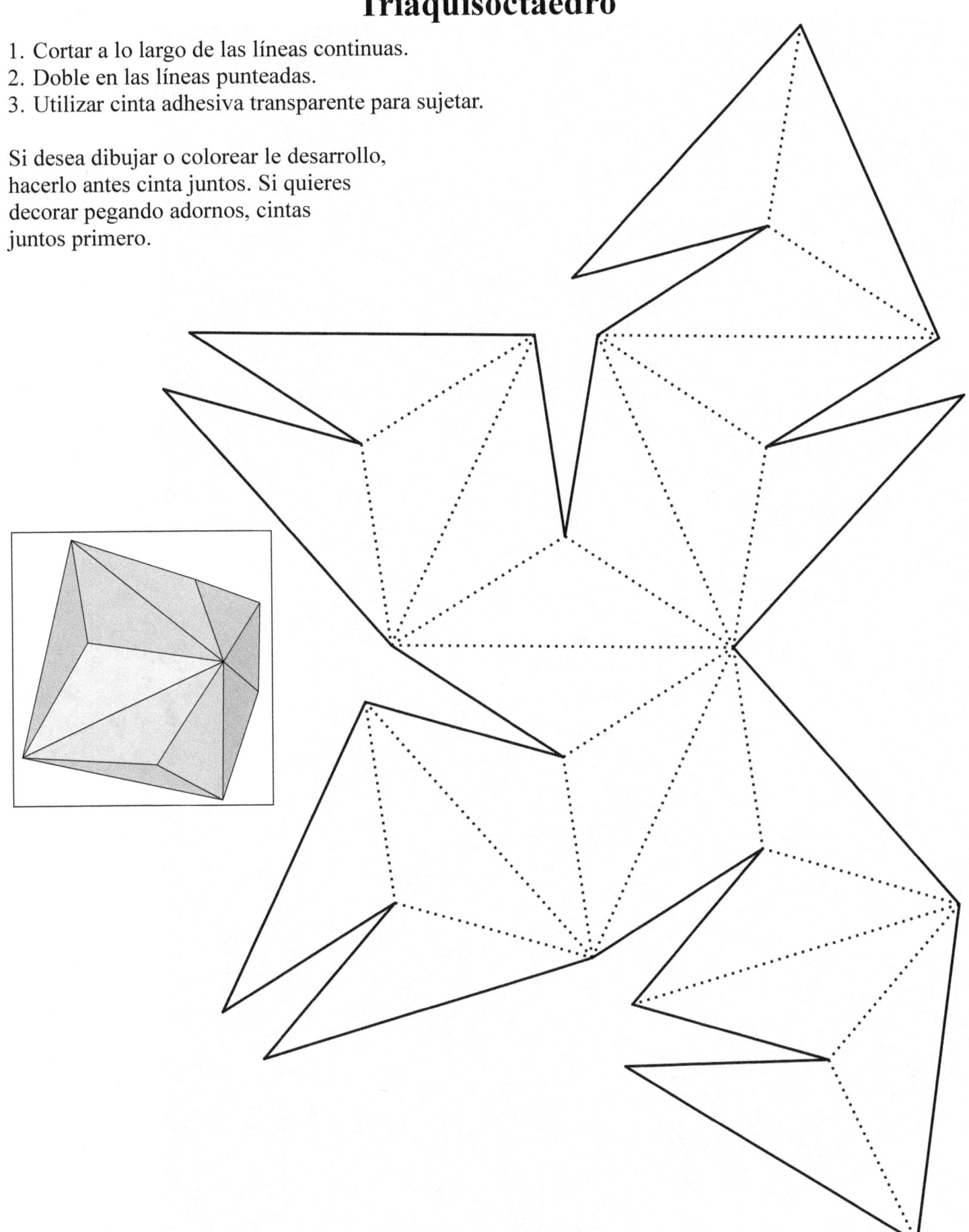

Desarrollos des poliedros por

Triaquistetraedro

1. Cortar a lo largo de las líneas continuas.
2. Doble en las líneas punteadas.
3. Utilizar cinta adhesiva transparente para sujetar.

Si desea dibujar o colorear le desarrollo, hacerlo antes cinta juntos. Si quieres decorar pegando adornos, cintas juntos primero.

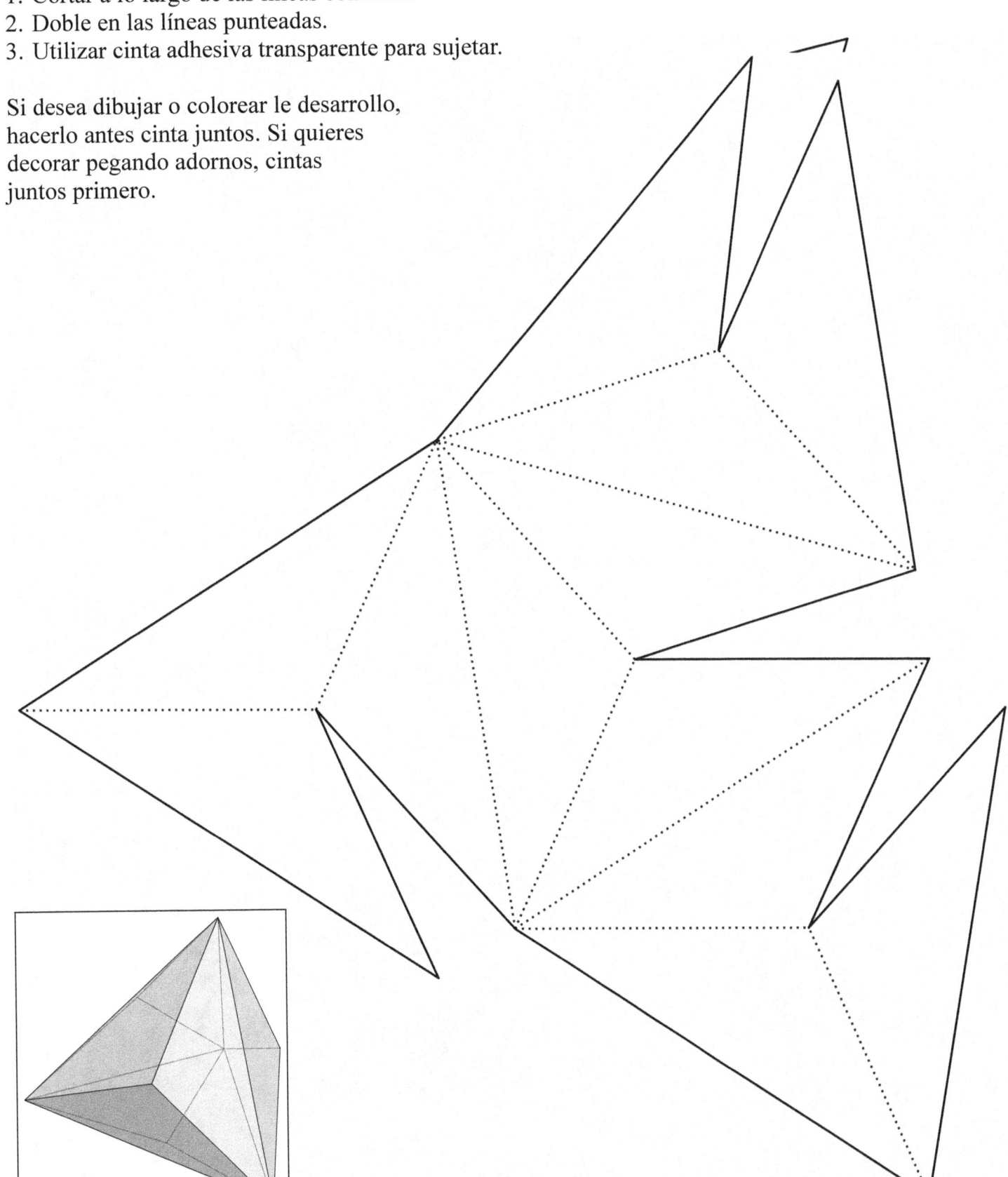

Desarrollos des poliedros por

Cúpula triangular

1. Cortar a lo largo de las líneas continuas.
2. Doble en las líneas punteadas.
3. Utilizar cinta adhesiva transparente para sujetar.

Si desea dibujar o colorear le desarrollo, hacerlo antes cinta juntos. Si quieres decorar pegando adornos, cintas juntos primero.

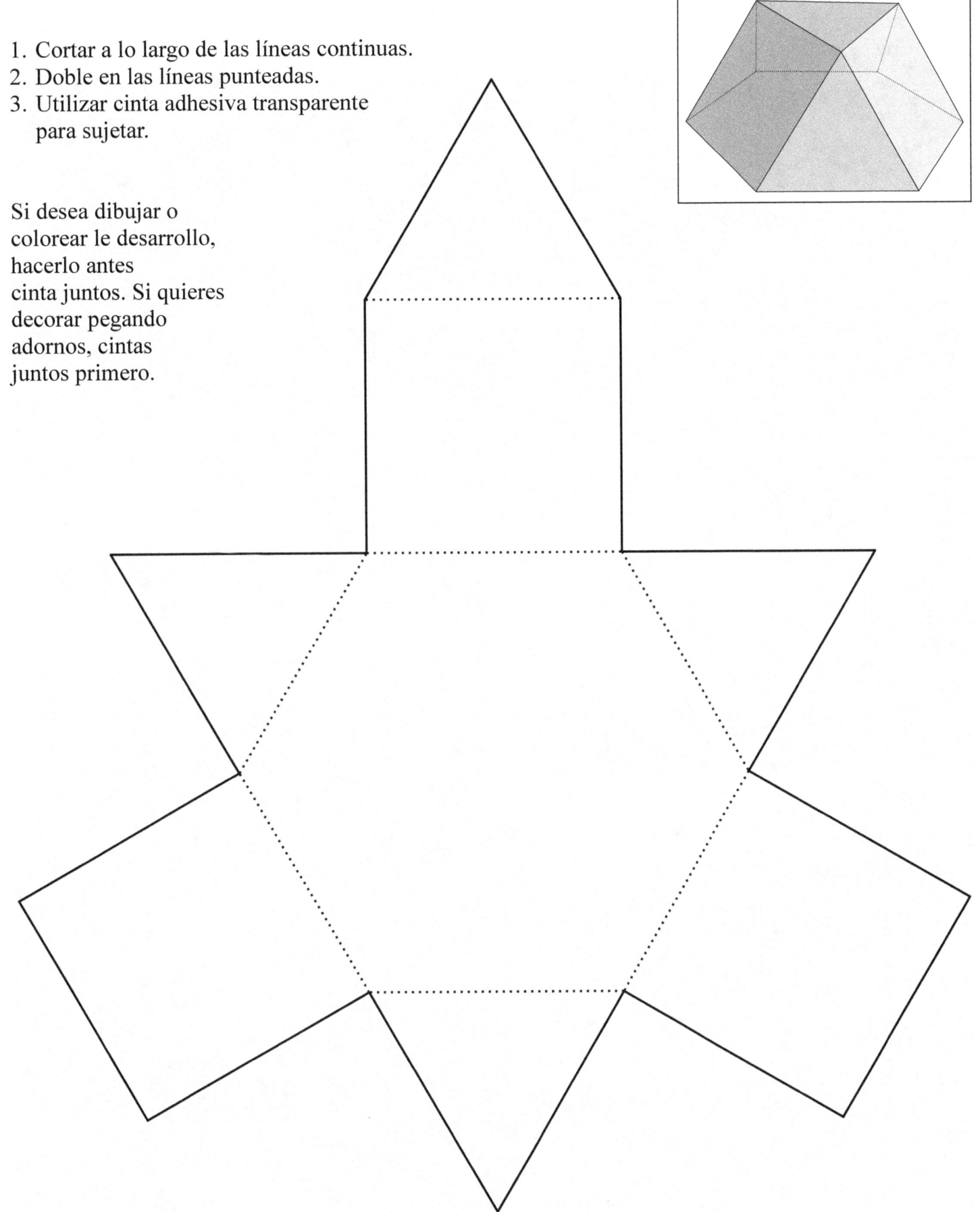

Desarrollos des poliedros por

Derechos de Autor 2015 puede ser copiado solamente para uso educativo incidental, no comercial. Ver nota de copyright para más información.

Bipirámide triangular

1. Cortar a lo largo de las líneas continuas.
2. Doble en las líneas punteadas.
3. Utilizar cinta adhesiva transparente para sujetar.

Si desea dibujar o colorear le desarrollo, hacerlo antes cinta juntos. Si quieres decorar pegando adornos, cintas juntos primero.

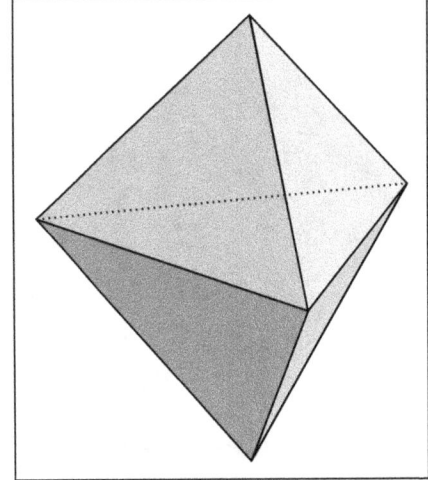

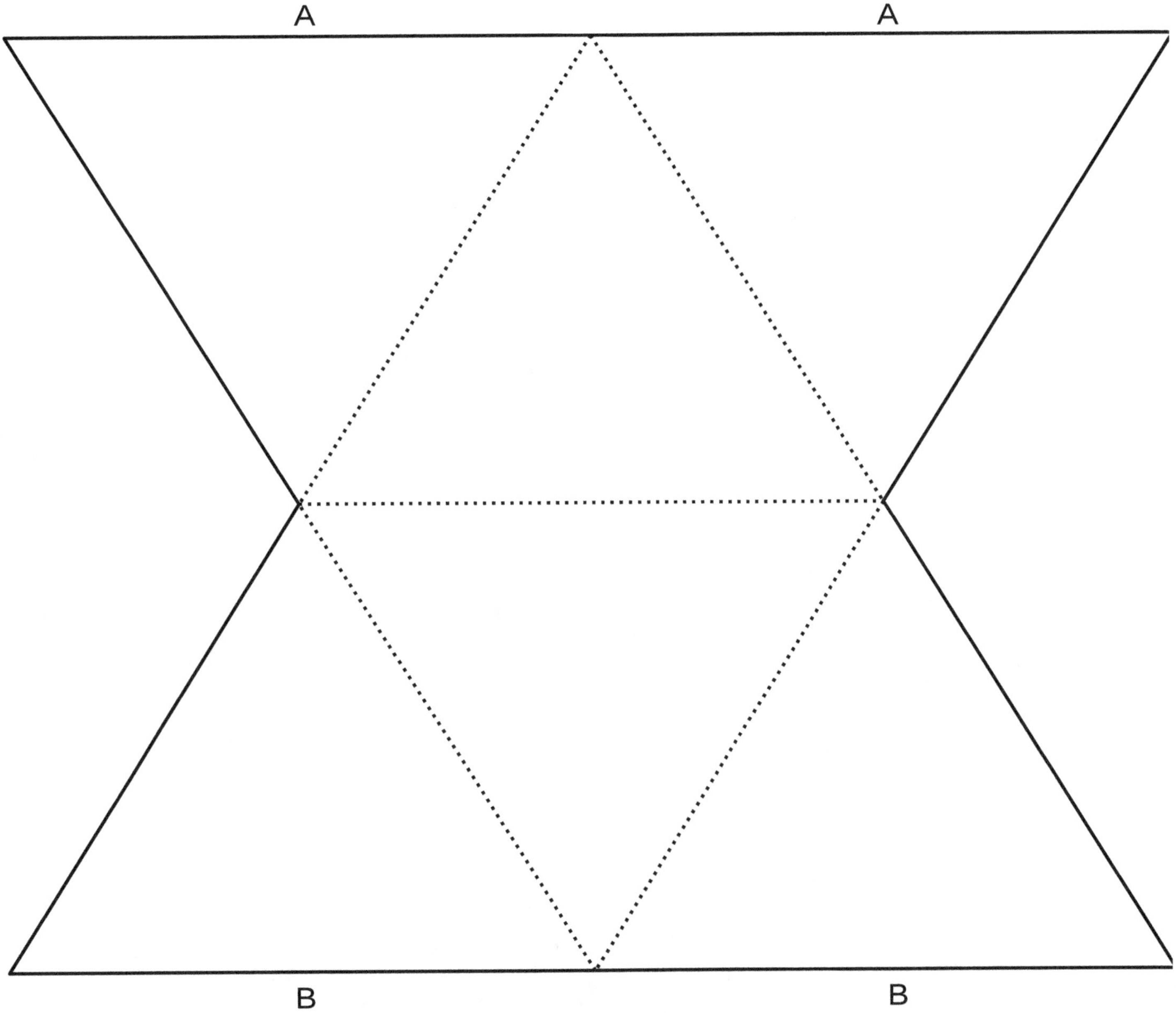

A   A

B   B

Desarrollos des poliedros por

Triangular pentaedro

1. Cortar a lo largo de las líneas continuas.
2. Doble en las líneas punteadas.
3. Utilizar cinta adhesiva transparente para sujetar.

Si desea dibujar o colorear le desarrollo, hacerlo antes cinta juntos. Si quieres decorar pegando adornos, cintas juntos primero.

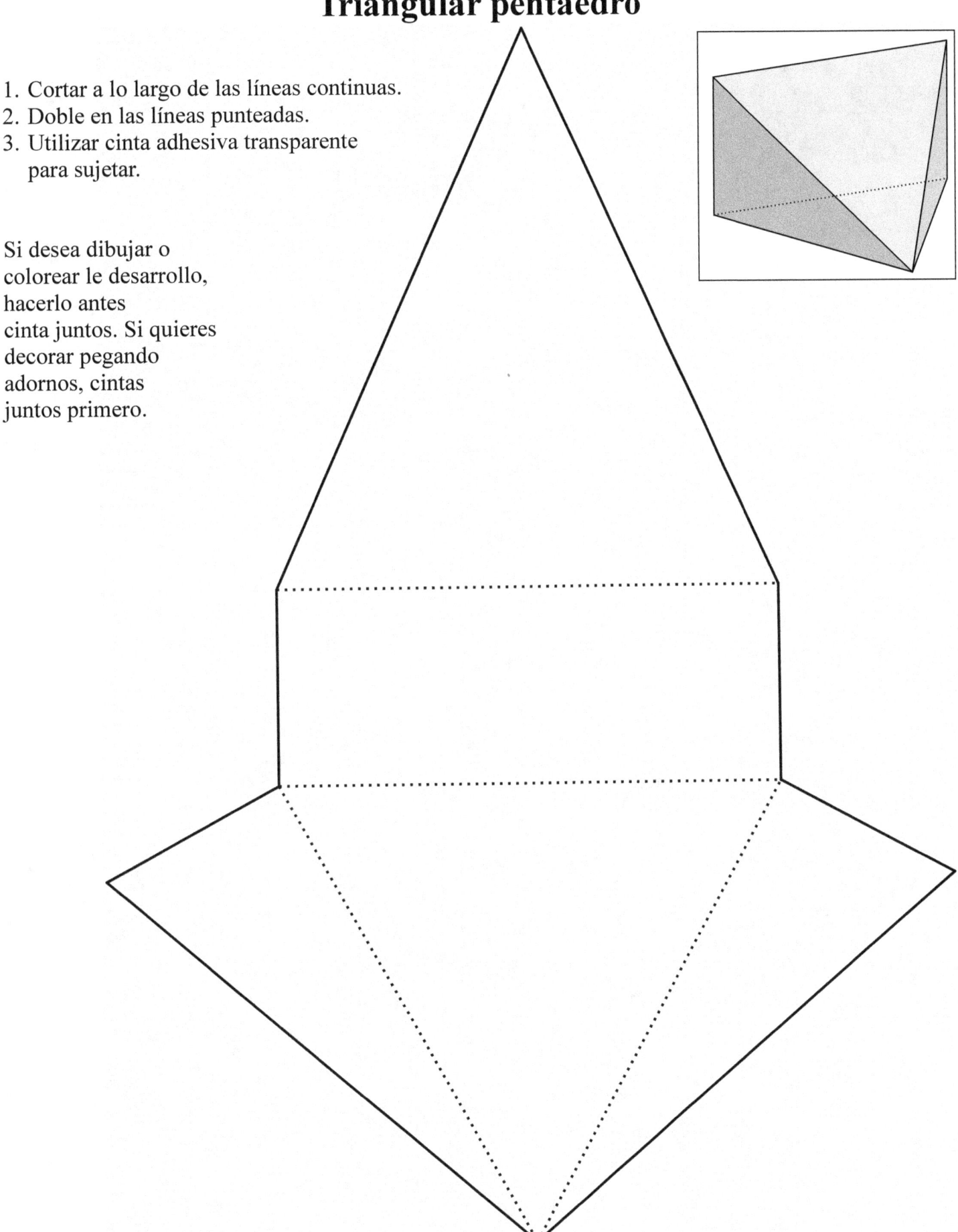

Desarrollos des poliedros por

Derechos de Autor 2015 puede ser copiado solamente para uso educativo incidental, no comercial. Ver nota de copyright para más información.

Prisma triangular

1. Cortar a lo largo de las líneas continuas.
2. Doble en las líneas punteadas.
3. Utilizar cinta adhesiva transparente para sujetar.

Si desea dibujar o colorear le desarrollo, hacerlo antes cinta juntos. Si quieres decorar pegando adornos, cintas juntos primero.

Desarrollos des poliedros por

Derechos de Autor 2015 puede ser copiado solamente para uso educativo incidental, no comercial. Ver nota de copyright para más información.

Pirámide triangular oblicua

1. Cortar a lo largo de las líneas continuas.
2. Doble en las líneas punteadas.
3. Utilizar cinta adhesiva transparente para sujetar.

Si desea dibujar o colorear le desarrollo, hacerlo antes cinta juntos. Si quieres decorar pegando adornos, cintas juntos primero.

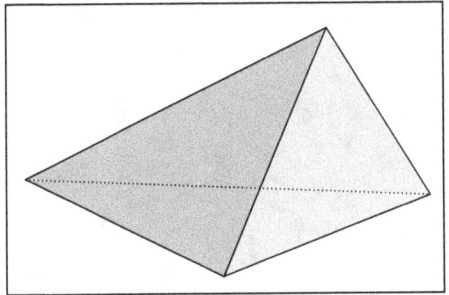

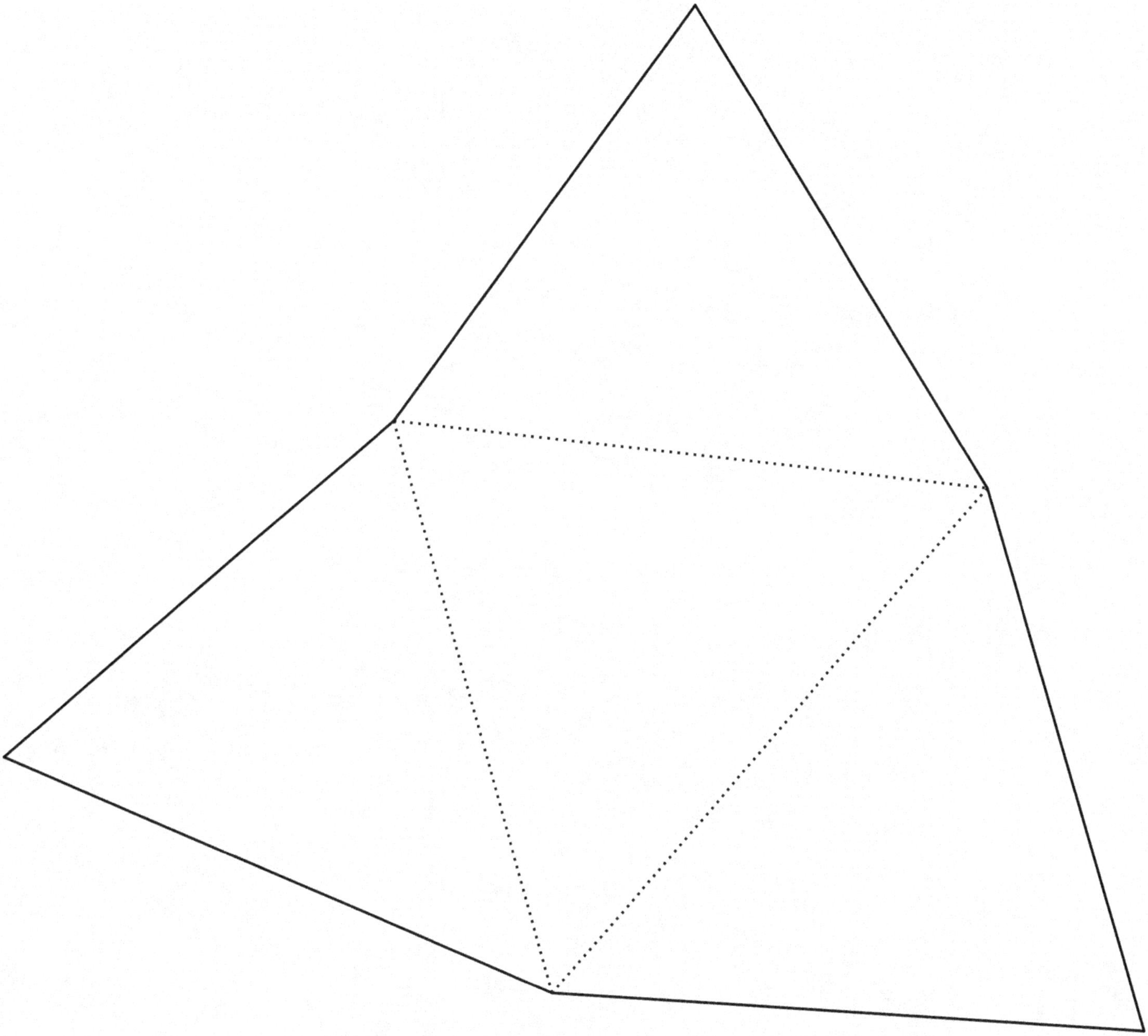

Desarrollos des poliedros por   153

Cubo truncado

1. Cortar a lo largo de las líneas continuas.
2. Doble en las líneas punteadas.
3. Utilizar cinta adhesiva transparente para sujetar.

Si desea dibujar o colorear le desarrollo, hacerlo antes cinta juntos. Si quieres decorar pegando adornos, cintas juntos primero.

Desarrollos des poliedros por

Cuboctaedro truncado

1. Cortar a lo largo de las líneas continuas.
2. Doble en las líneas punteadas.
3. Utilizar cinta adhesiva transparente para sujetar.

Si desea dibujar o colorear le desarrollo, hacerlo antes cinta juntos. Si quieres decorar pegando adornos, cintas juntos primero.

Desarrollos des poliedros por

Dodecaedro truncado

1. Cortar las dos partes a lo largo de las líneas continuas.
2. Doble en las líneas punteadas.
3. Utilizar cinta adhesiva transparente para sujetar.

Si desea dibujar o colorear la red, hacerlo antes
grabas juntos. Si quieres decorar por
pegar en decoraciones, cinta juntos primero.

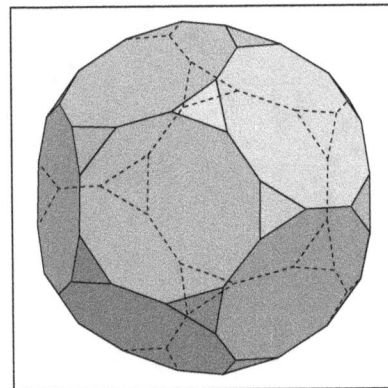

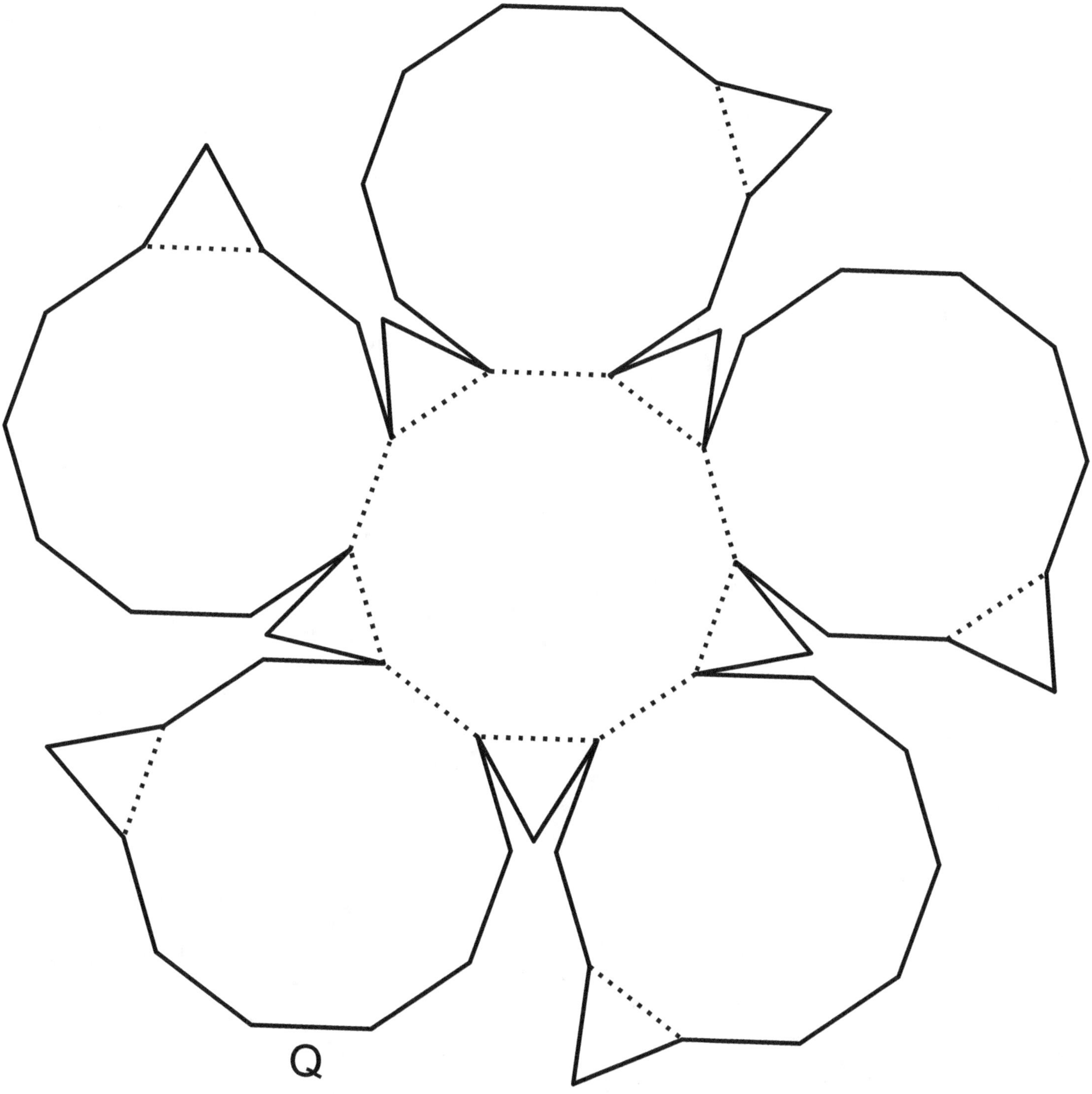

Q

Desarrollos des poliedros por

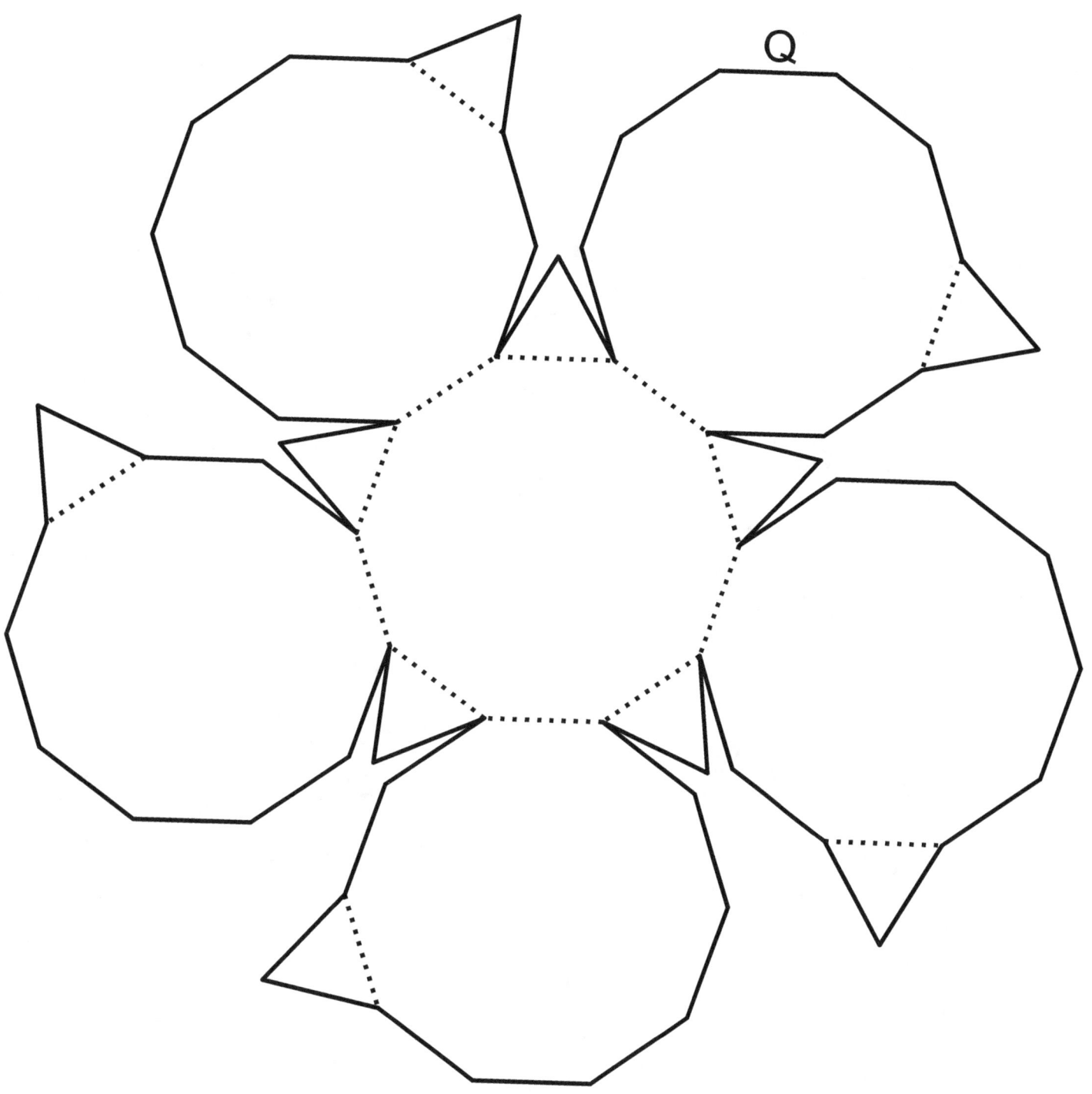

Desarrollos des poliedros por

Icosaedro truncado

1. Cortar las dos partes a lo largo de las líneas continuas.
2. Doble en las líneas punteadas.
3. Utilizar cinta adhesiva transparente para sujetar.

Si desea dibujar o colorear la red, hacerlo antes
grabas juntos. Si quieres decorar por
pegar en decoraciones, cinta juntos primero.

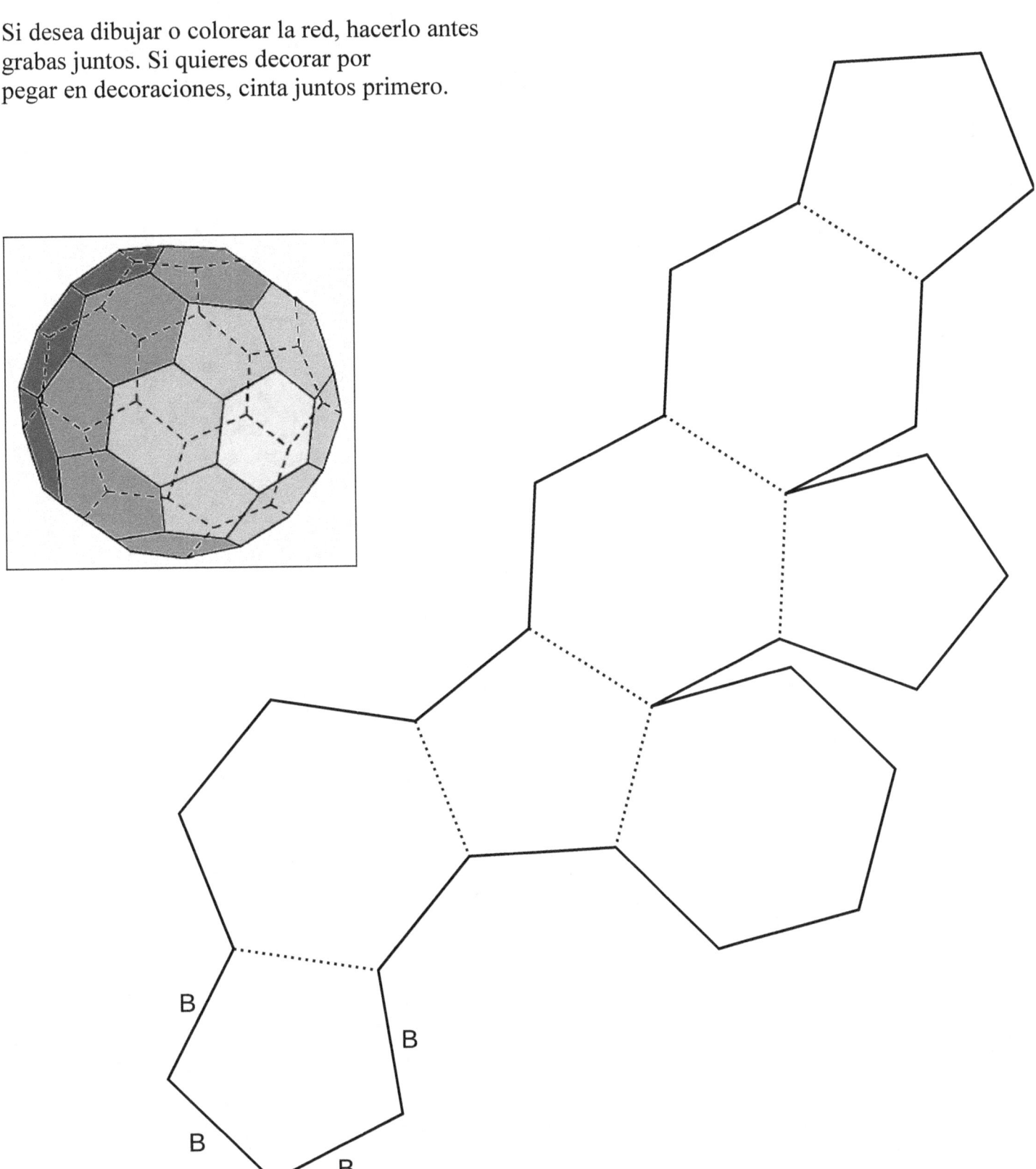

Desarrollos des poliedros por

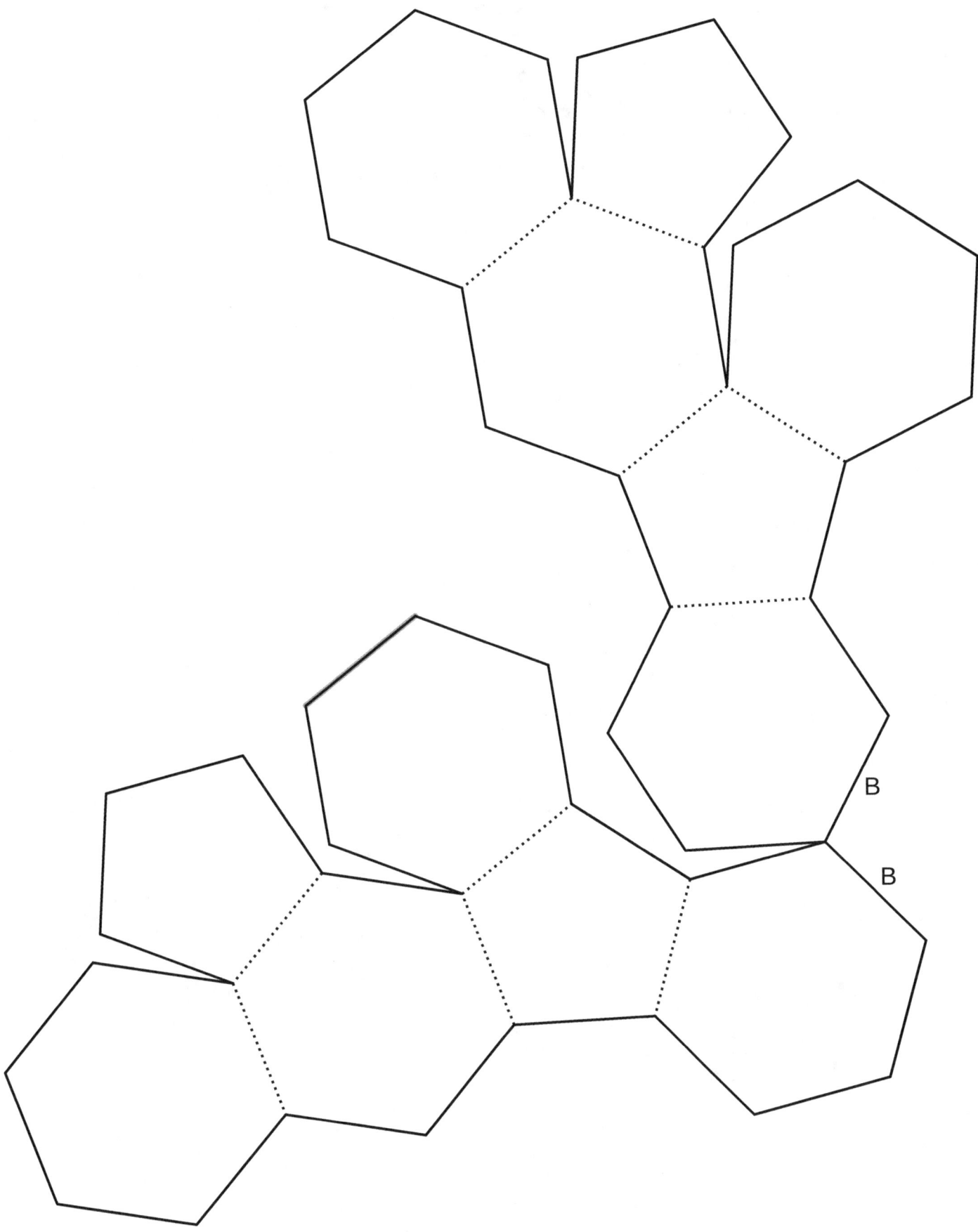

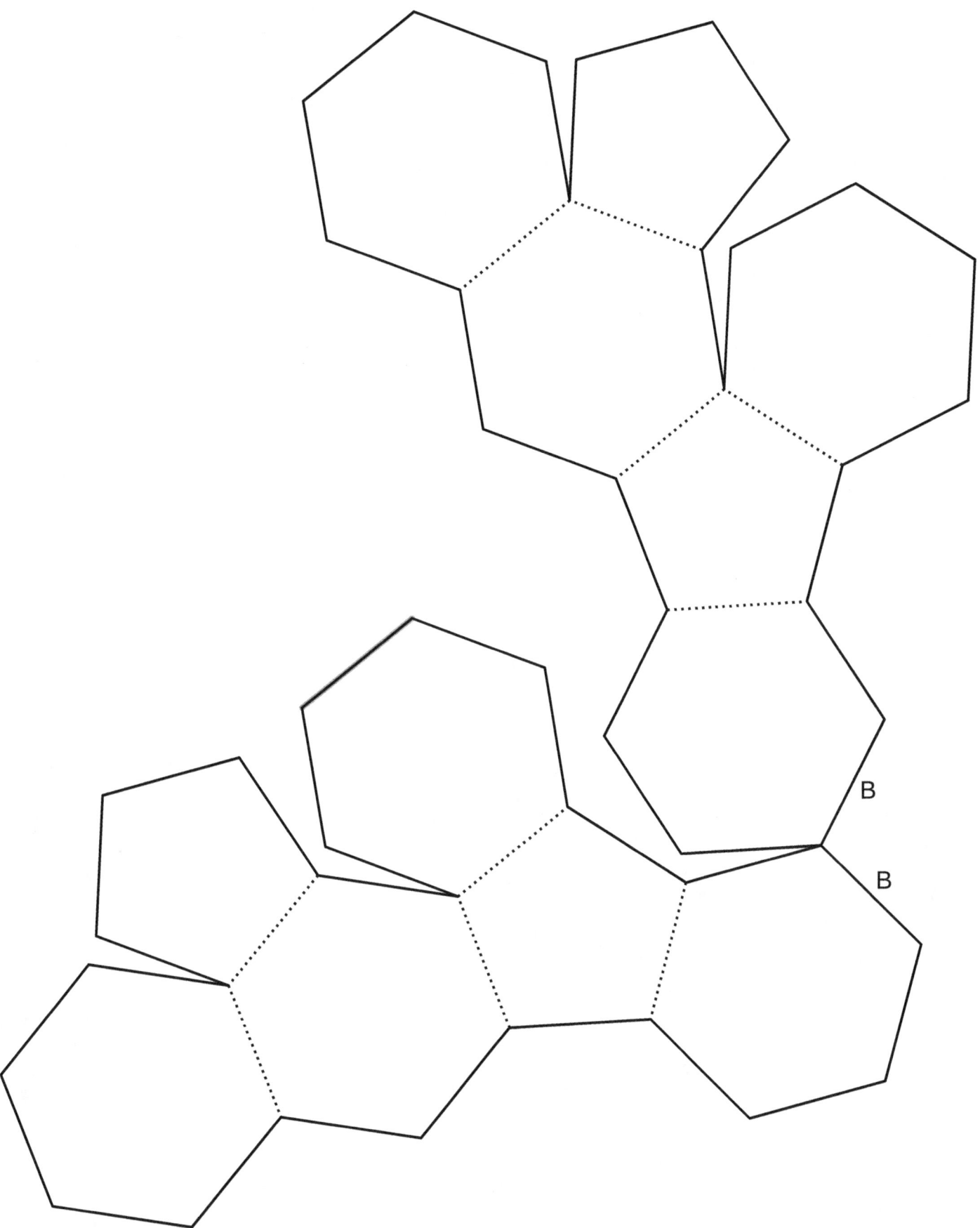

Desarrollos des poliedros por

Truncado icosidodecaedro

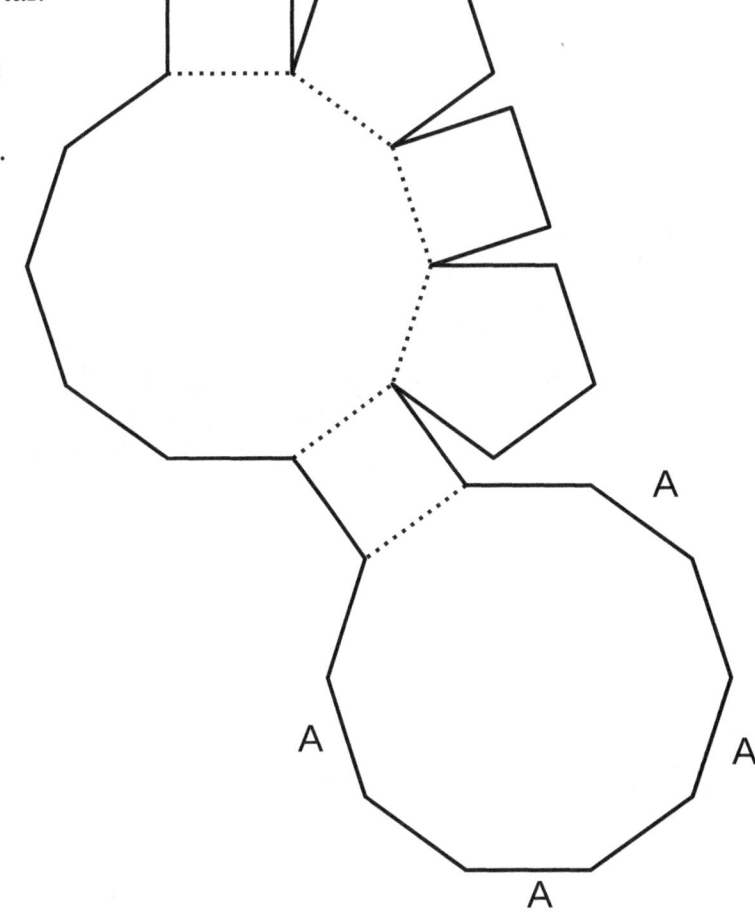

El icosidodechedon truncada completa se imprime en tres páginas. Copia tres páginas, cortar las formas, y la cinta de las cinco partes juntas en la pestaña A. A continuación, poner juntos como normal

1. Cortar a lo largo de las líneas continuas.
2. Doble en las líneas punteadas.
3. Utilizar cinta adhesiva transparente para sujetar.

Si desea dibujar o colorear la red, hacerlo antes grabas juntos. si tu quieren decorarla por pegar en las decoraciones, cinta juntos primero.

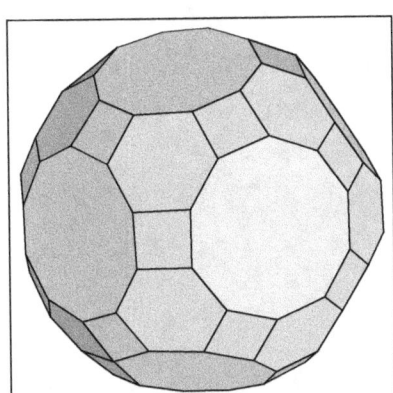

Desarrollos des poliedros por

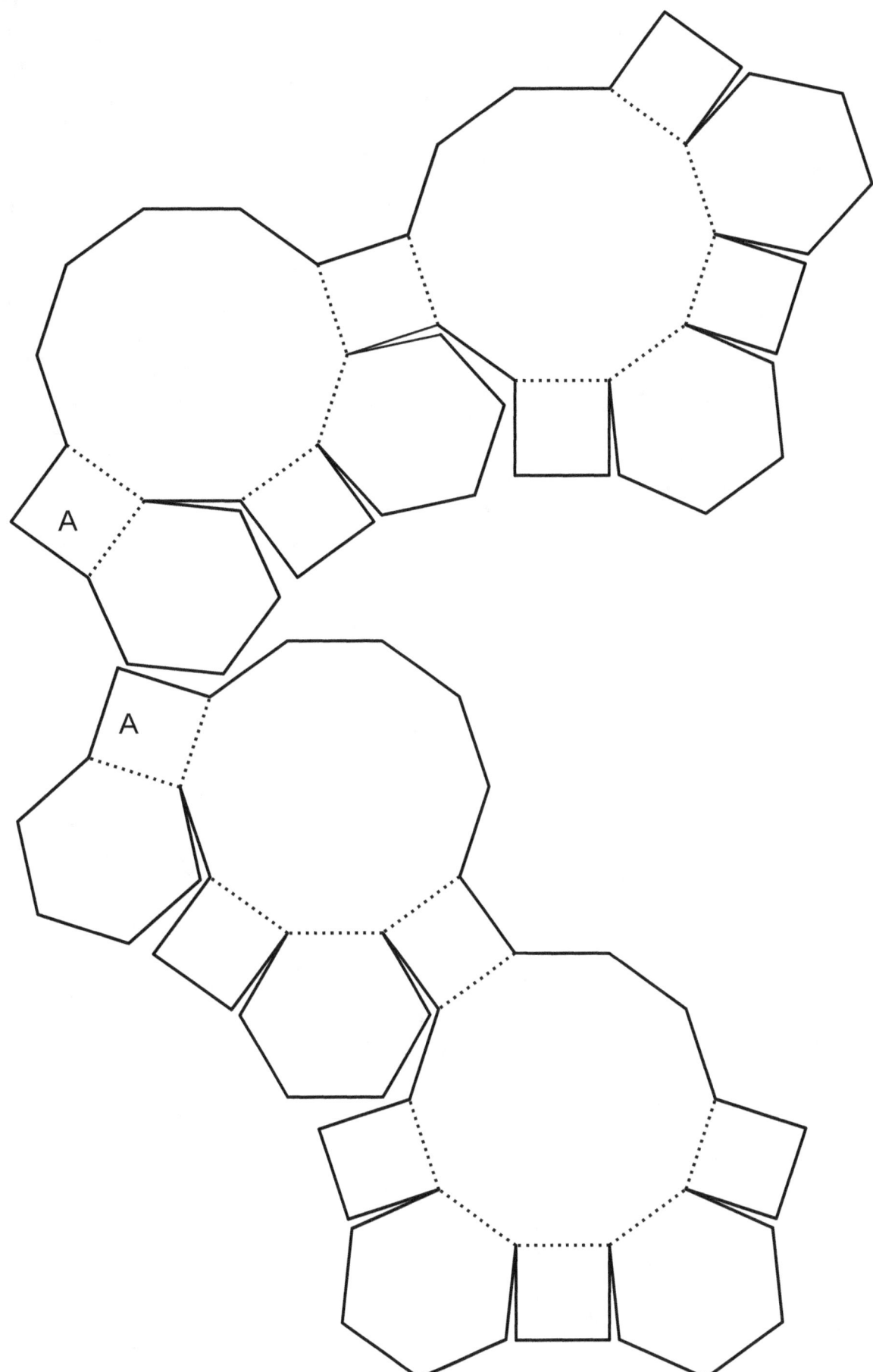

Desarrollos des poliedros por

171

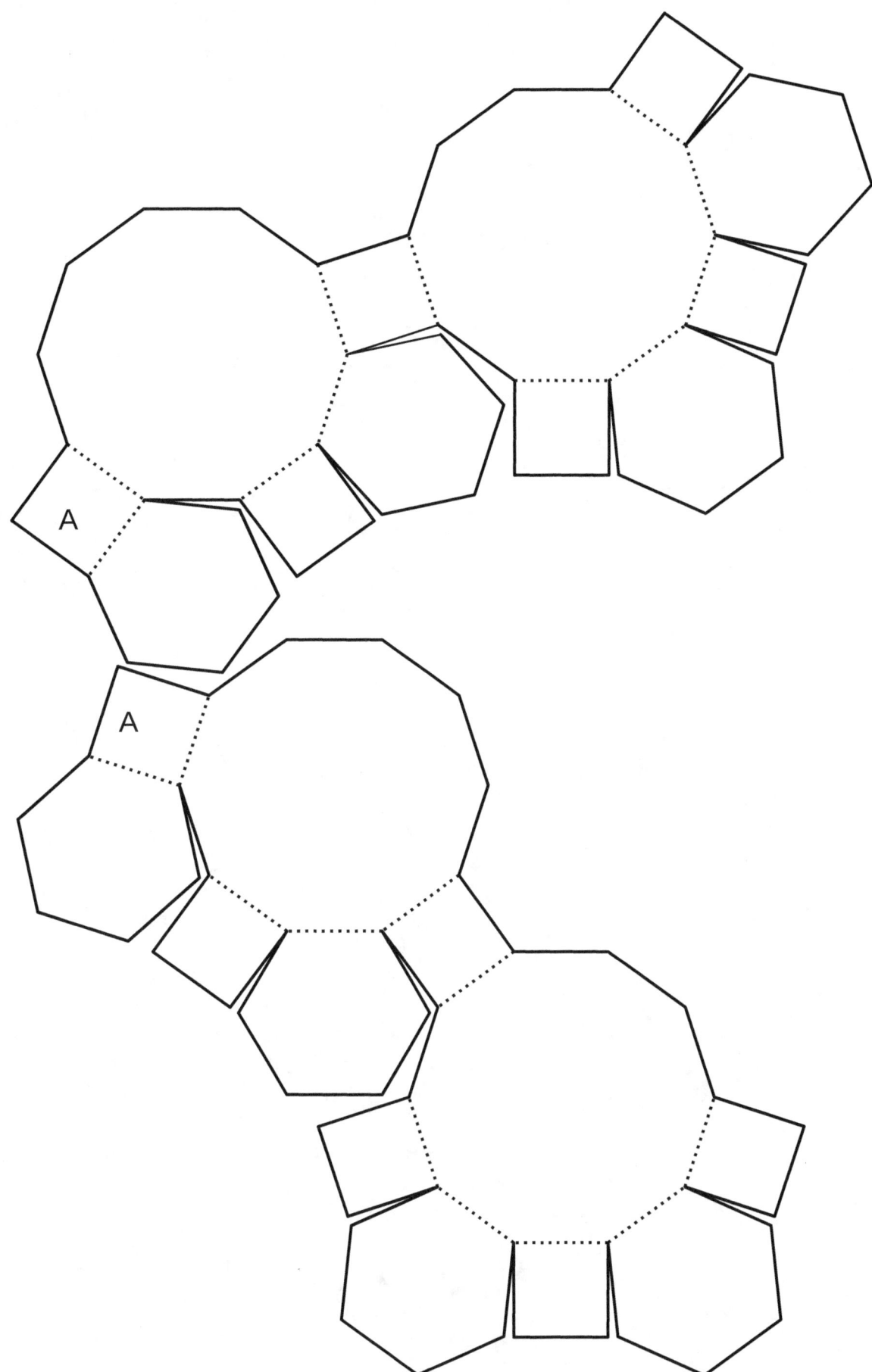

Octaedro truncado

1. Cortar a lo largo de las líneas continuas.
2. Doble en las líneas punteadas.
3. Utilizar cinta adhesiva transparente para sujetar.

Si desea dibujar o colorear la red, hacerlo antes grabas juntos. si tu quieren decorarla por pegar en las decoraciones, cinta juntos primero.

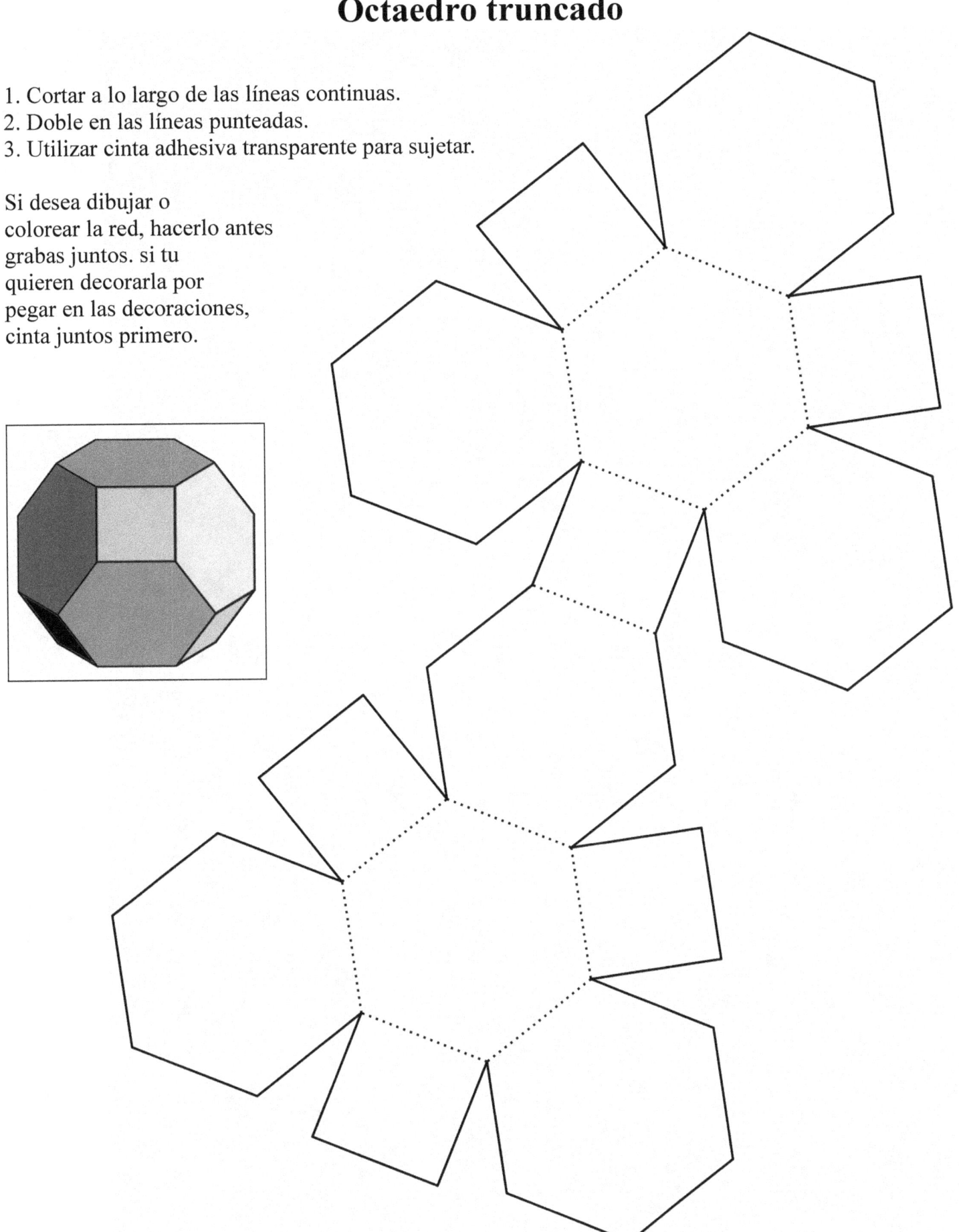

Desarrollos des poliedros por

Tetraedro truncado

1. Cortar a lo largo de las líneas continuas.
2. Doble en las líneas punteadas.
3. Utilizar cinta adhesiva transparente para sujetar.

Si desea dibujar o colorear la red, hacerlo antes grabas juntos. si tu quieren decorarla por pegar en las decoraciones, cinta juntos primero.

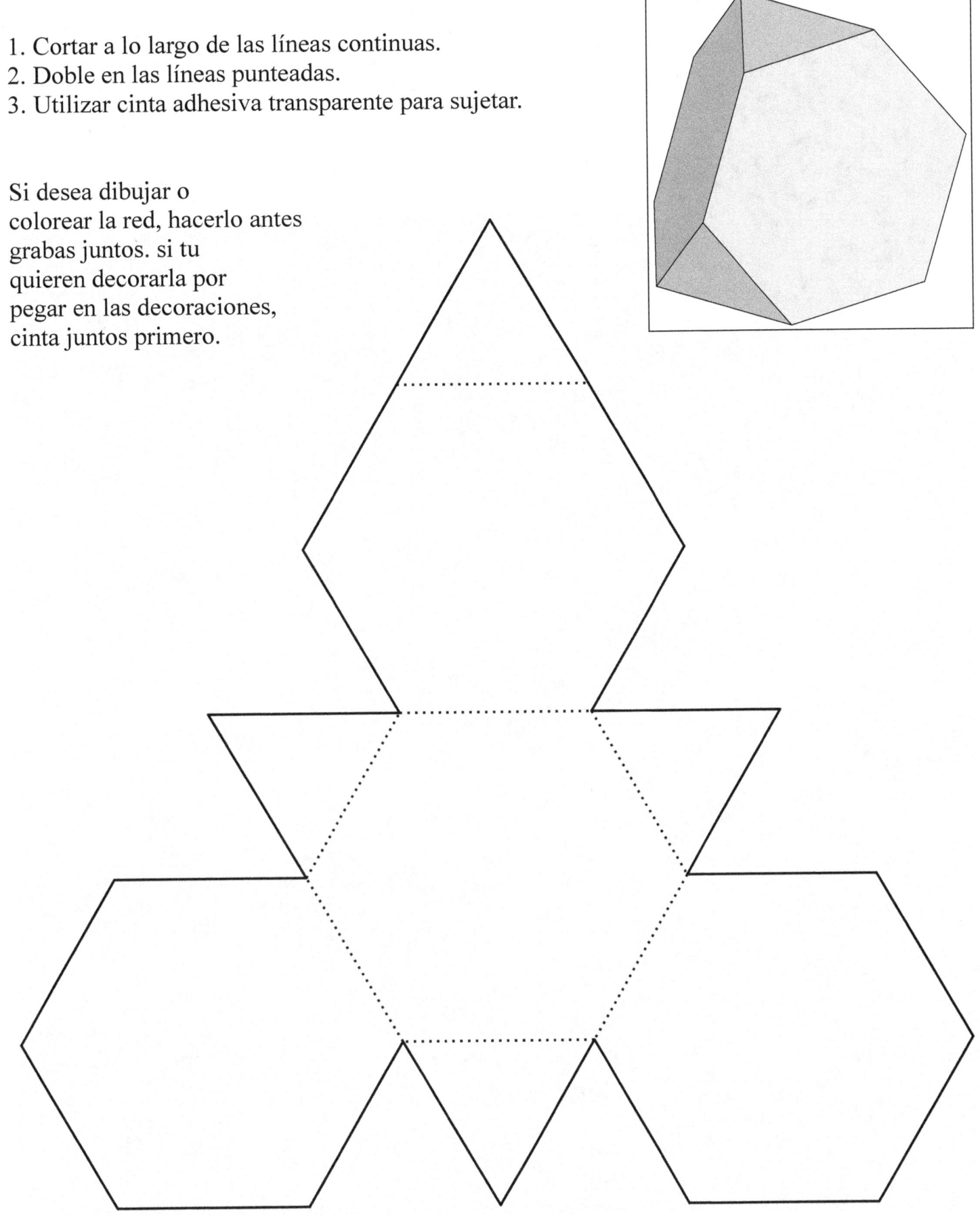

Pirámide estrella pentagonal derecho

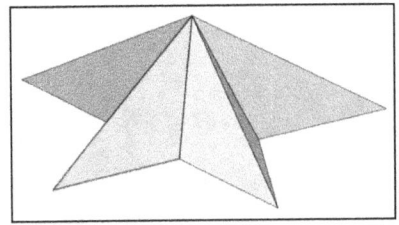

1. Cortar a lo largo de las líneas continuas.
2. Doble hacia atrás las líneas de puntos.
3. Utilice cinta adhesiva transparente para sujetar.

Si desea dibujar o colorear la red, hacerlo antes de grabarlo juntos. Si quieres decorar pegando en decoraciones, cinta juntos primero.

Trapezoedro cuadrado truncado

1. Cortar a lo largo de las líneas continuas.
2. Doble en las líneas punteadas.
3. Utilizar cinta adhesiva transparente para sujetar.

Si desea dibujar o colorear la red, hacerlo antes grabas juntos. si tu quieren decorarla por pegar en las decoraciones, cinta juntos primero.

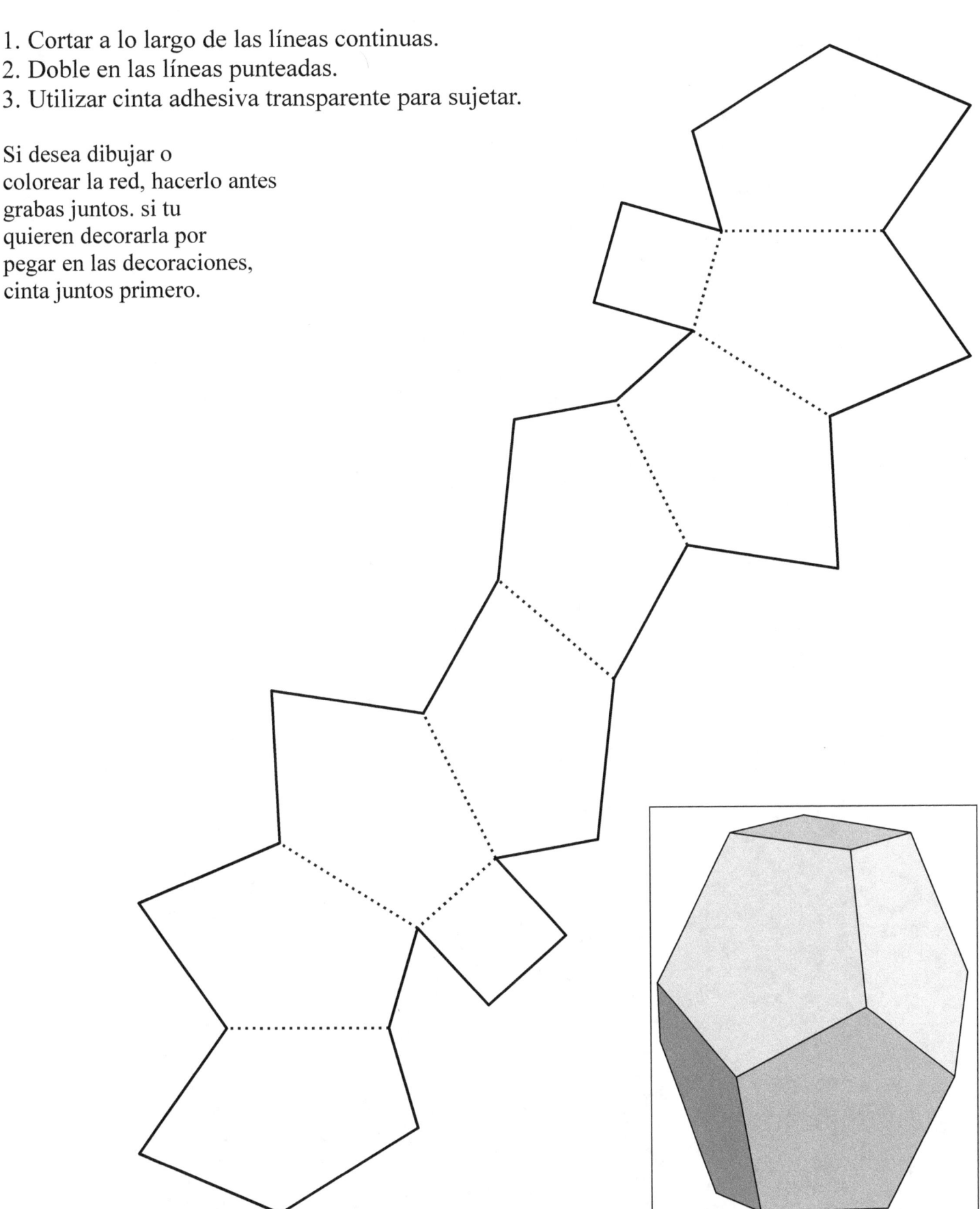

Desarrollos des poliedros por

www.ingramcontent.com/pod-product-compliance
Lightning Source LLC
Chambersburg PA
CBHW081445070526
44586CB00019B/2239